LE CULTIVATEUR

À PARIS

DRAME

EN CINQ ACTES ET EN PROSE

PAR

PAUL RENARD

O fortunatos nimium sua si bona nôrint !
VIRGILE.

Heureux l'homme des champs, s'il connaît son bonheur !
DELILLE.

PARIS

...BIN, LIBRAIRE-ÉDITEUR,

GALERIE ...AINE, 46

1850

LE
CULTIVATEUR
A PARIS

PARIS. — IMPRIMERIE DE J. CLAYE,

RUE SAINT-BENOIT, 7

LE
CULTIVATEUR
A PARIS

DRAME

EN QUATRE ACTES ET EN PROSE

PAR

ÉMILE RENARD

O fortunatos nimium suà si bona nôrint!
VIRGILE.

Heureux l'homme des champs, s'il connait son bonheur!
DELILLE.

PARIS

DURANDIN, LIBRAIRE-ÉDITEUR

GALERIE VIVIENNE, 46

1858

PERSONNAGES

MICHAUD, cultivateur.

DESMARES, banquier à Paris.

CHARLES, son associé; fils de M. Michaud.

MONTRICHARD, capitaliste.

DELIGNY, ingénieur de chemin de fer.

MOUTONNET, garçon de ferme de M. Michaud.

GERMAIN, garçon d'hôtel garni, à Paris.

CATHERINE, femme de M. Michaud.

MARIETTE, sa nièce.

LUCILE, fille de M. Desmares.

Ouvriers, Ouvrières, etc.

Un des plus beaux spectacles qui aient été donnés à Paris dans ces dernières années, et qui aient laissé dans les esprits de plus durables souvenirs, ce fut assurément l'Exposition agricole de 1856, ce grand concours où figurèrent toutes les nations nos rivales, hors la seule qui venait d'être notre ennemie. Ainsi, dans le même palais, à la distance d'une année, on put contempler après les merveilles de l'industrie, les produits non moins admirables de l'art agricole. Heureuse pensée et sujet fécond d'utiles rapprochements! Au sein même de la grande cité, à côté de ce monde d'affaires s'agitant et courant à travers la poussière des rues, il semblait qu'on retrouvât sous les voûtes transparentes de ce palais enchanté, la vie paisible des champs avec ses bœufs, ses moutons, ses bergers, ses vertes pelouses, ses eaux murmurantes, et ces mille instruments aussi variés qu'ingénieux qui sillonnent, remuent et fécondent la terre.

a

Mais, pour l'observateur attentif, là ne se bornait pas le contraste : à prendre les choses à un point de vue plus individuel, et surtout à cette époque où la fureur des jeux de bourse semblait être à son apogée, on pouvait se demander lequel était le plus heureux, de l'homme qui jetait sa fortune dans les hasards de la spéculation, ou de celui qui, confiant ses épargnes à la terre, ne rêvait d'autres primes que celles qui allaient être décernées par le grand jury aux premiers éleveurs de l'Europe.

Belle occasion, me disais-je en me promenant émerveillé dans ces vastes galeries, de faire ressortir aux yeux des populations les charmes de la vie agricole aujourd'hui si délaissée, et d'opposer le calme des champs à l'agitation des villes, l'amour de la propriété au culte de l'argent. Puis, l'imagination aidant, j'entrevoyais là le sujet d'un drame qui ne me semblait pas devoir manquer d'intérêt, et peu de temps après je me mis à l'œuvre.

Mais ce n'est pas, on le sait, pour un homme quelque peu lettré, la chose la plus difficile, de faire un drame ou un vaudeville (c'était autrefois une tragédie); c'est plutôt, la pièce faite, de savoir qu'en faire. La présentera-t-il au théâtre? Pourquoi pas, se dit-il, dans l'ardeur de la composition et dans la foi de son œuvre? Le théâtre! Ah! c'est bien là, il le nierait en vain, sa plus chère pensée et le stimulant le plus actif de sa verve; mais une fois l'esprit calme et l'imagination refroidie, il ne peut plus se dissimuler combien la scène est peu abordable, et surtout pour l'auteur de province qui ne peut à loisir en explorer et en aplanir les avenues. La fera-t-il alors imprimer? — Gardez-vous-en bien, lui dit-on ; une pièce non représentée n'excite point l'intérêt du public; elle ne sera pas lue! — Mais pourquoi donc, après tout? Ah! je conçois parfaitement cette prévention s'il s'agit de ces pièces éphémères qui, sans viser à une moralité quelconque, ni même le plus souvent à aucun mérite littéraire, n'ont que la prétention de vous amuser un instant, et qui, si elles n'avaient d'abord vécu quelques soirs à la clarté de la rampe, sembleraient ne pouvoir soutenir l'éclat du jour: Mais pourquoi donc une œuvre dramatique sérieuse et morale ne pourrait-elle, en dehors de la scène, se produire au jour avec quelque chance de succès? Pourquoi n'offrirait-elle pas au lecteur au moins le même intérêt que telle nouvelle et tel feuilleton écrits à la hâte qui se succèdent chaque jour sans lasser sa curiosité?

On ne peut contester, il me semble, que de toutes les formes dans lesquelles l'écrivain peut produire sa pensée, parler à l'esprit ou au cœur, le drame ne soit encore la plus vive et la plus saisissante; et cela est si vrai, que chaque jour nous voyons le théâtre prendre au roman ses meilleures créations, sinon toujours les plus morales, pour en faire ses plus grands succès. Là cependant plus d'imprévu, plus de surprises : action, personnages, dénoûment, tout est connu d'avance; mais qu'importe? Plus toutes ces choses vous ont intéressé à la lecture, plus vous aurez de plaisir à les retrouver mises en action sur la scène. Bien plus, n'avons-nous pas vu, tout dernièrement encore, y transporter, et on sait avec quel succès, des proverbes bien remarquables à la vérité, mais qui n'étaient point d'abord écrits pour le théâtre [1] ?

Loin de moi sans doute de telles prétentions pour mon œuvre ; mais enfin, j'ai pensé que si, par une bonne fortune dont je n'ose me flatter, il plaisait à quelque directeur de Paris ou de la province d'en essayer la représentation, elle n'en serait même rendue que plus facile par l'impression du manuscrit.

Du reste, je puis dire que si l'on n'eût dû trouver dans ce drame qu'un jeu de l'imagination, une simple fiction de l'esprit sans signification morale, il n'eût assurément pas vu le jour. Si j'ai cru devoir le publier, c'est parce que j'y ai vu, sous une forme légère, une œuvre sérieuse, et au point de vue des fâcheux entraînements de notre temps, d'utiles conseils et de salutaires enseignements.

1. Ainsi *Dalila* de M. Octave Feuillet; *le Village*, etc.

LE CULTIVATEUR

A PARIS

ACTE PREMIER

La scène représente la cour d'une grande ferme, dont on aperçoit les bâti-ments. On y voit arriver des ouvriers et des ouvrières portant, les uns des faux, les autres des bêches, des fourches et des râteaux.

SCÈNE PREMIÈRE.

MICHAUD, CATHERINE, MOUTONNET,
OUVRIERS, OUVRIÈRES.

MICHAUD.

Arrivez, mes amis, et saluons avec joie ce beau soleil, qui reparaît enfin après une si longue absence. Nous allons, je l'espère, réparer le temps perdu.

UN OUVRIER.

Oui, not' maître.

MICHAUD.

Mais je ne vous vois pas encore au complet. Jean Robin?

UN OUVRIER.

Malade.

MICHAUD.

Ah! Je pense bien qu'autrement il serait à son poste. Bon ouvrier; ma femme, tu iras le voir...

CATHERINE.

Oui, mon ami.

MICHAUD.

Et Valentin ?

MOUTONNET.

Malentrain ?

MICHAUD.

Ou Malentrain, comme vous dites; oh! celui-là , ce n'est pas souvent qu'il répond à l'appel. Et Michel, et Guillaume ?

UN OUVRIER.

Partis.

MICHAUD.

Comment ! où ?

UN OUVRIER.

Ils ont dit qu'ils voulaient gagner davantage; et ils ont passé au chemin de fer.

MICHAUD.

Quoi ! sans me prévenir ?

CATHERINE.

C'est qu'ils n'auront pas osé.

UN OUVRIER.

Ah ! ce n'est pas bien, faut être juste. Eux que vous avez aidés et secourus tout cet hiver.

MICHAUD.

Oui, en temps de chômage, ils ne sont pas fiers. Eh bien ! dès que nous ne pouvons plus compter sur eux, ils sauront qu'ils ne doivent plus compter sur nous. Vous, mes amis, partez; vous, faucheurs, vous allez finir les trèfles; et vous, femmes, retourner et faner les andains, bêcher les pommes de terre et sarcler les betteraves. Voilà que, par suite de nos retards, tous les ouvrages se trouvent à la fois; n'importe, avec quelques jours de beau temps, s'il plaît à Dieu, nous en sortirons. Catherine, tu as tenu prêts les vivres ?

CATHERINE, *montrant des paniers.*

Les voilà.

MICHAUD.

Et toi, Moutonnet, tu es allé tirer à boire?

MOUTONNET, montrant les barils.

Oui, not' maître, c'est mon affaire.

MICHAUD.

Et la seule que tu n'oublies jamais. Allons, courage, mes enfants, et faites-moi de bon ouvrage.

UN OUVRIER.

Soyez tranquille, monsieur Michaud ; bon maître, bons ouvriers. (Ils partent.)

MICHAUD.

Pas toujours.

SCÈNE II.

MICHAUD, CATHERINE.

MICHAUD.

Eh bien, ma pauvre femme, tu t'es levée encore de bon matin ; je te plains ; que de maux, que d'ennuis !

CATHERINE.

Mais ce n'est pas un petit train que le nôtre, et tant qu'il ne te plaira pas d'y renoncer...

MICHAUD.

Tu sais bien, ma femme, que c'est mon élément, ma vie...

CATHERINE.

C'est fort bien ; mais, à la fin, les forces s'usent...

MICHAUD.

Eh non ! Le travail, au contraire, les entretient et les renouvelle.

CATHERINE.

Tiens, j'aperçois M. l'ingénieur ; je te laisse avec lui.

SCÈNE III.

DELIGNY, MICHAUD.

DELIGNY.

Bonjour, monsieur Michaud.

MICHAUD.

Salut à monsieur l'ingénieur... Toujours aussi matinal!

DELIGNY.

Et vous, monsieur Michaud, ne venez-vous pas déjà de mettre en route vos ouvriers?

MICHAUD.

Oui, le peu que vous voulez bien me laisser, car Dieu sait combien vous m'en avez déjà enlevé!

DELIGNY.

Moi?

MICHAUD.

Vous, ou vos entrepreneurs; enfin, votre chemin...

DELIGNY.

Que voulez-vous? C'est un moment à passer. Voilà déjà le chemin terminé jusqu'à Richebourg, votre commune.

MICHAUD.

C'est fort bien, mais vous allez maintenant le pousser au-delà, et pendant ce temps il faudra encore que nos travaux restent en souffrance et nos terres en friche.

DELIGNY.

Permettez, monsieur Michaud; depuis que j'ai l'avantage d'habiter votre territoire, je connais un peu vos champs, et Dieu merci, nous n'en comptons pas mal; mais je n'ai point remarqué jusqu'ici qu'il y en eût un seul en friche. J'en ai toujours admiré au contraire la culture si soignée et je les vois aujourd'hui présenter les plus belles apparences.

MICHAUD, souriant.

Hum! Je ne dis pas précisément le contraire; le fait est que, pour l'année, mes champs, grâce à Dieu, ne se présentent pas mal : mais à quel prix!

DELIGNY.

Ah! voilà encore une pierre jetée dans notre chemin. Oui, j'en conviens, nous vous faisons payer vos journées un peu plus cher; mais est-ce vous, monsieur Michaud, qui vous en plaindriez sérieusement, vous si connu pour votre générosité, votre bienfaisance?

MICHAUD.

Bon, mais pourvu cependant que les revenus ne soient pas absorbés par les frais, et que le train, comme on dit, ne mange pas le train... Mais que direz-vous maintenant de ma belle propriété dénaturée, dévastée? J'avais là, tout près du village, un clos superbe; toutes terres de première classe, achetées sillon par sillon, à mesure que mes petites économies me le permettaient; un clos qui faisait l'admiration du pays, qui eût fait la gloire de mes vieux jours. Eh bien! il vous a plu de le traverser, de le couper en deux dans toute sa longueur. Quel meurtre! quel vandalisme! Comme si vous n'aviez pu vous en détourner un peu, passer à droite ou à gauche!

DELIGNY.

Ah! pour cela, notre tracé une fois arrêté est inflexible; mais aussi, monsieur Michaud, cela vous sera payé, je dis largement.

MICHAUD.

Est-ce que cela se paie, monsieur? Mais ce n'est pas tout; mon grand jardin n'était pas, je pense, compris dans l'expropriation. Comment se fait-il donc que chaque jour j'en voie disparaître les plus beaux fruits? De si belles poires, des abricots, des pêches d'une grosseur et d'un velouté... Eh bien, à qui m'en prendre, si ce n'est à vos maraudeurs d'ouvriers?

DELIGNY.

Et les vôtres, pourriez-vous en répondre? Oh! je sais bien qu'à entendre toutes les accusations portées contre le chemin de fer, ce serait un grand coupable. Arrive-t-il dans le pays quelque méfait, je dirai même quelque brouille de ménage, quelque aventure de jeune fille, tout le monde de s'écrier aussitôt : le chemin de fer! le chemin de fer!... comme si avant notre arrivée dans ce pays, on y avait vu régner l'âge d'or et l'innocence des temps primitifs... En tout cas, ce sont là, convenez-en, monsieur Michaud, des inconvénients qui passeront, et le chemin vous restera; et une fois terminé, tous vos ouvriers vous reviendront, fort heureux de vous retrouver. Mais, dites-moi, monsieur Michaud, à vous voir si occupé, je me demande comment, de vos deux fils, vous n'en avez pas au moins gardé un près de vous pour vous seconder?

MICHAUD.

Que voulez-vous? Charles, mon fils aîné, est aujourd'hui à Paris dans la banque où il paraît faire de brillantes affaires. Quant au plus jeune, Félix, entraîné par la vocation des armes, rien ne pût le retenir, et le voilà déjà, en deux années, sous-officier avec la croix de la Légion d'honneur, qu'il a bien gagnée, ce brave garçon, dans sa rude campagne de Crimée. Mais aussi quelle ardeur, quel courage!... Et puis ce n'est pas venu en serre chaude, c'est élevé en pleine terre, au soleil,. au vent, à la pluie, et ce n'est pas réformé pour faiblesse de constitution... Ah! ce fut pour moi toutefois une séparation bien cruelle... Mais je me suis dit : un bon cultivateur doit ses sueurs à la terre, et quand il le faut, son or et son sang à l'État; oui, son sang, celui de ses enfants, quelque douloureux que soit pour lui un tel sacrifice. Quant à son or, soyons juste, l'État lui a seulement demandé de lui en prêter un peu et à de bons intérêts qu'il lui paie, ma foi, très-exactement.

DELIGNY.

Sans compter même l'augmentation du capital.

MICHAUD.

Aussi n'ai-je qu'à me féliciter d'être depuis ce moment au nombre de ses créanciers. C'est mon fils de Paris qui s'est chargé de ma souscription et qui touche lui-même mes semestres. Il m'avait bien parlé aussi d'actions de chemin de fer et autres, où je pourrais, me disait-il, réaliser des primes considérables, mais j'ai préféré, moi, de bonnes inscriptions de rente ; cela me paraît toujours plus solide et plus sûr.

DELIGNY.

A défaut de vos enfants, vous avez du moins près de vous cette jeune nièce que vous paraissez avoir en quelque sorte adoptée.

MICHAUD.

Oui, notre bonne Mariette, qui nous a été confiée par une sœur de ma femme à son lit de mort et dont j'ai été naturellement nommé tuteur.

DELIGNY.

Charmante pupille, monsieur Michaud, et dont l'établissement vous sera, je crois, facile.

MICHAUD.

Mais je l'espère, et dont la compagnie en attendant est pour nous d'un grand charme... Mais que vois-je ?... ma femme qui m'apporte, il me semble, une lettre.

DELIGNY, se retirant.

Monsieur et Madame...

MICHAUD.

Au revoir, monsieur l'ingénieur...

SCÈNE IV.

MICHAUD, CATHERINE.

CATHERINE.

Mon ami, c'est une lettre de Paris, de notre Charles.

MICHAUD.

A la bonne heure, car il me tardait bien de savoir où en est maintenant son mariage; il va sans doute nous en parler. (Décachetant la lettre.) Voyons :

« Mon cher père,

« Je vous disais, il y a peu de temps, que mon mariage
« avec mademoiselle Desmarres ne tenait plus qu'au règlement
« de quelques intérêts concernant sa maison de banque et
« particulièrement à l'apport social pour lequel je devais y
« entrer; mais, comme grâce à de dernières et excellentes
« spéculations, je me trouve aujourd'hui en position de le
« réaliser, tout obstacle a disparu, et le jour de notre union
« dépend maintenant de vous. J'aime à espérer en effet que
« vous viendrez, vous et ma mère. Dans le cas cependant où
« cela vous serait impossible, vous voudriez bien me faire
« parvenir au plus tôt les pièces qui me sont nécessaires. »

Oui, mon ami, rien de mieux; mais pour faire moi-même le voyage, c'est autre chose.

CATHERINE.

Mais pourquoi pas? Moi à la bonne heure, il faut que je garde la maison.

MICHAUD.

Et les travaux qui sont si peu avancés; personne ne serait là pour la direction, car tu as bien assez, toi, de ton ménage, de l'intérieur. Et puis, à te dire vrai, j'ai encore, pour ne pas me trouver à ce mariage, des raisons que tu comprendras.

CATHERINE.

Que je crois même deviner.

MICHAUD.

Écoute, notre Charles épouse la fille d'un banquier, d'un homme riche, faisant par conséquent quelque figure dans le monde.

CATHERINE.

C'est bien cela : je te vois venir.

MICHAUD.

Mais moi, qui suis-je ? Un homme à son aise, il est vrai,
mais, après tout, un paysan...

CATHERINE.

Oh !

MICHAUD.

Un peu dégrossi peut-être, mais enfin un simple cultivateur dont l'écorce un peu rude aurait mauvaise grâce à se
frotter à tous ces beaux habits...

CATHERINE.

Je conçois, mais enfin tu verrais les choses par toi-même...
Pauvre enfant! Pourvu qu'il soit tombé dans une bonne
famille et que cette femme lui convienne.

MICHAUD.

Il le dit.

CATHERINE.

N'importe, je crois toujours qu'en restant près de nous, il
y eût trouvé un bonheur plus assuré.

MICHAUD.

Mais aussi une position plus modeste, un avenir plus borné ;
or, voilà justement ce que ne veulent pas nos jeunes gens
d'aujourd'hui. Rester dans un village, simple cultivateur ;
allons donc : c'est se moquer ; il faut à ces messieurs une carrière plus noble, une profession plus relevée... les malheureux
qui ne se donnent seulement pas la peine de connaître et
d'apprécier la nôtre ! J'aurais mieux auguré cependant de
notre Charles jusqu'au moment où il fit, dans un voyage à
Paris, la connaissance de son banquier. Il semblait se plaire à
la vie des champs, en aimer les travaux, et moi qui me fais
vieux, j'aimais à voir en lui un digne successeur.

CATHERINE.

Et alors au lieu de se marier avec cette inconnue de Paris,

il eût tout simplement épousé son amie d'enfance, notre bonne Mariette; c'était mon idée.

MICHAUD.

Que veux-tu! la destinée en a décidé autrement.

CATHERINE.

Ce n'est pas du reste que la petite doive manquer de prétendants; car elle est vraiment gentille, cette enfant.

MICHAUD.

Et puis c'est qu'elle aura une dot assez ronde, sans compter même ce qui lui revient de la succession de son oncle de Paris.

CATHERINE.

Il n'est pas jusqu'à notre jeune ingénieur qui ne semblerait lui faire un peu sa cour.

MICHAUD.

Tu crois? mais en effet je me rappelle qu'il m'en parlait avec intérêt, il n'y a qu'un instant. Voilà pourtant ce que nous valent encore les chemins de fer, des amoureux pour nos jeunes filles. Mais au fait ce jeune homme me paraît fort bien, et puis c'est un garçon qui ne peut manquer de faire son chemin; il est ici pour cela d'abord.

CATHERINE.

Allons! laisse là un peu tes calembourgs, quand on te parle de choses sérieuses.

MICHAUD.

Que veux-tu, ma chère amie! on m'a souvent dit que j'avais trop d'esprit pour mon état; eh bien! j'aime mieux cela que d'en avoir un autre pour lequel je n'en aurais plus assez. Mon père, en me retirant du collége dès ma quatrième, a fait, je crois, acte de haute sagesse. Où serais-je aujourd'hui, si j'avais fait toutes mes classes, mes humanités, comme on disait de mon temps? A quoi serais-je parvenu? Hélas! peut-être, comme tant d'autres, à n'être qu'un génie incompris. Mais, pardon de la digression, nous parlions de Mariette.

CATHERINE.

Ce qui me fait plaisir pour cette chère enfant, c'est qu'elle entend parler de son cousin, et en parle elle-même avec une entière liberté d'esprit; c'est qu'elle me semble aujourd'hui n'avoir conservé aucun souvenir de cette affection d'enfant, à la vérité, qui, dans leurs jeunes années, semblait les unir si étroitement.

MICHAUD.

Oui, sans doute, c'est heureux; mais encore, en es-tu bien sûre? Prends-y garde! Mariette a du caractère, et qui sait le fond de la pensée d'une femme? Ah! les femmes! Pour moi, je m'en défie toujours.

CATHERINE.

Merci du compliment.

MICHAUD.

Tiens! la voici justement, cette chère Mariette; tu pourras lui apprendre le mariage de son cousin, et tu verras comment elle prendra cette nouvelle.

MARIETTE.

Bonjour, mon bon oncle. (Elle l'embrasse.)

MICHAUD.

Bonjour, ma chère enfant!... Allons, je vous laisse, je vais voir un peu nos ouvriers.

SCÈNE V.

MARIETTE CATHERINE.

MARIETTE.

Eh bien, ma tante, vous avez reçu des nouvelles?

CATHERINE.

Oui, mon enfant, une lettre de Charles; tu sais qu'il était question pour lui d'un mariage?

MARIETTE.

Oui, avec la fille de son banquier; et ce mariage...

CATHERINE.

Est maintenant tout à fait décidé.

MARIETTE.

Ah! Et sans doute il doit se faire prochainement?

CATHERINE.

Mais c'est de nous qu'il dépend, dit-il, d'en fixer le jour.

MARIETTE.

Ainsi, vous irez?

CATHERINE.

Naturellement, il nous y invite; mais, pour moi d'abord, je n'irai pas assurément; et, quant à ton oncle, il n'y paraît pas non plus disposé.

MARIETTE.

Ah! tant pis!

CATHERINE.

· Et pourquoi?

MARIETTE.

Vous savez combien de fois ma tante la Parisienne m'a engagée à aller passer quelque temps près d'elle, si l'occasion s'en présentait; et je n'ai point oublié que, bien souvent aussi, mon oncle m'avait promis, s'il faisait quelque jour le voyage de Paris, de m'emmener avec lui.

CATHERINE.

En effet, mais, à te dire vrai, je n'aurais pas pensé que toi-même eusses désiré l'accompagner dans une telle circonstance.

MARIETTE.

Ah! je crois vous comprendre, ma tante... Vous pensez peut-être encore à certains projets dont il avait été question, mon Dieu! il y a de cela bien longtemps... mais ces idées, ou plutôt ces souvenirs d'enfance, pour moi aujourd'hui bien

vagues, ne me causent plus, je vous assure, la moindre préoccupation ; c'était vous, c'était ma mère. qui, bien plus que
nous, si jeunes alors, aviez songé à cette union ; c'est qu'aussi,
dans ce temps, nous vivions l'un près de l'autre dans une
douce conformité de goûts et de caractère ; mais tous ces
beaux rêves sont déjà depuis longtemps évanouis. N'avez-
vous pas remarqué, ma tante, que, depuis quelque temps,
M. Charles ne me donne même pas, dans ses lettres, le plus
petit mot de souvenir ; c'est tout simple : M. Charles est devenu Parisien, homme d'affaires et d'argent ; moi, Mariette,
je suis restée villageoise, simple dans mes goûts, et une distance plus grande encore s'est faite entre nos cœurs, que celle
de Paris et de Richebourg.

CATHERINE.

Et tu ne craindrais même pas d'aller à sa noce ?

MARIETTE.

Oh ! pour cela, ma tante, c'est autre chose ; je ne voudrais
même pas qu'il eût connaissance de mon voyage.

CATHERINE.

Cela me semblerait difficile.

MARIETTE.

Pourquoi ? Il ne faudrait qu'un peu de discrétion de la part
de mon oncle. Mais quel enfantillage ! A quoi bon tous ces
beaux projets, s'il ne doit pas faire ce voyage ?

CATHERINE.

Qui sait ?. Peut-être se décidera-t-il.

MARIETTE.

Oh ! tâchez, ma tante. Que je voudrais voir, une fois dans
ma vie, ce beau Paris dont on parle tant.

CATHERINE.

Oh ! je te crois.

SCÈNE VI.

MOUTONNET, Les Précédents.

MOUTONNET.

Je vous salue, mesdames. Vous ne pourriez pas me dire ousqu'est M. Michaud?

CATHERINE.

Tu ne l'as pas vu? Il nous a quittées, il n'y a qu'un instant pour aller près de ses ouvriers. Mais qu'as-tu donc, mon pauvre Moutonnet? Je te trouve un air tout bouleversé.

MOUTONNET.

Jugez s'il y a de quoi, not' bourgeoise. Vous savez tous les mauvais tours que nous a déjà joués ce maudit chemin de fer... nous qui étions si tranquilles auparavant.

CATHERINE.

Voyons, parle.

MOUTONNET.

Eh bien, ceci est encore autre chose; vous allez voir: figurez-vous, not' bourgeoise, qu'ils ont voulu aujourd'hui essayer leur chemin jusque près du village, à l'endroit ousqu'ils ont posé leurs dernières barres de fer.

CATHERINE.

Tu veux dire leurs rails, cela s'appelle des rails.

MOUTONNET.

C'est possible; mais que voulez-vous? je dis comme je peux. Pour lors, les v'là donc qu'y mettent leurs fourgons les uns à la queue des autres...

CATHERINE.

Dis donc leurs wagons.

MOUTONNET.

Soit, wagons, fourgons, c'est toujours à peu près la même chose. Mais si vous ne me laissez pas dire...

CATHERINE.

Allons, va.

MOUTONNET.

Là-dessus, je les vois ensuite allumer et chauffer leur grande marmite.

CATHERINE.

Ah ! ceci est trop fort ; dis donc leur locomotive.

MOUTONNET.

Loco...

CATHERINE.

Motive, locomotive.

MOUTONNET.

Ah ! ben oui, si vous croyez que je vas me fourrer dans la tête des mots de c'te longueur là... Mais, pour lors, voici la chose : moi, après avoir vu tout cela, je m'en étais retourné près de mes moutons qui pâturaient bien tranquillement dans le grand pré tout proche ; mais vous allez voir : v'là que tout d'un coup il part comme de grands coups de sifflets à vous fendre les oreilles, et puis la marmite de partir comme le vent en traînant derrière elle tous les fourgons, les wagons, si vous aimez mieux, et en poussant des beuglements épouvantables. (Il imite le bruit de la locomotive.) Oh ! pour lors, une peur affreuse prend mes pauv' moutons, qui n'avaient jamais entendu, comme vous pensez, pareil vacarme. Les v'là donc qui se sauvent de tous côtés en se jetant, les uns dans de gros tas de pierres où ils se cassent les pattes, les autres dans des fossés, d'où je les ai retirés à moitié assommés. Ainsi jugez ; un si beau troupeau, que j'élève avec tant de soins. Va, pauv' bêtes !

CATHERINE.

Que veux-tu, mon pauvre Moutonnet ?

MOUTONNET.

Ce que je veux ? Comment ! Y n'y a pas une loi qui empêche de pareilles choses !... Et on parle d'encourager l'agriculture... y sont jolis, les encouragements, avec toutes leurs inventions... Oh ! mais si vous saviez, not' bourgeoise, ils en ont encore une ben drôle, qu'ils ont voulu m'expliquer tout à l'heure. Oh ! rien que d'y penser, je peux pas m'empêcher de rire. Celle-ci, par exemple, est bien innocente; elle ne fera de mal à personne. Vous avez p't-être vu les grands poteaux qu'y posent maintenant le long de leur chemin ?

CATHERINE.

Oui, sans doute, pour la ligne télégraphique.

MOUTONNET.

Ah ben ! en v'là encore un drôle de mot.

MARIETTE, à demi-voix, à Catherine.

Oh ! laissez-le dire, ma tante ; il va nous amuser.

MOUTONNET.

Oui, des poteaux, ousqu'ils attachent des bouts de fil de fer, avec des petits pots de crème qu'ils renversent par dessus. Eh bien ! ils prétendent qu'avec ça on va se parler et se répondre, enfin se faire la conversation, à cent, deux cents, qu'est-ce que je dis ? à mille lieues de distance, et cela en moins de cinq minutes.

CATHERINE.

Vraiment ?

MOUTONNET.

Et notez qu'y me disaient ça sans rire, comme si j'allais donner en plein dans de pareils contes.

CATHERINE.

Mais, toi, pas si bête...

MOUTONNET.

Oh ! un instant... car vous conviendrez, not' bourgeoise, qu'il faudrait aller de pair avec toutes les oies et tous les dindons de notre basse-cour, pour en digérer de cette force. Oh ! du reste, c'est pas que je leur en veuille, les pauv' garçons ; faut bien dire queuque chose pour passer le temps, histoire de rire... Tiens, voici M. Michaud, justement avec c't intendant du chemin de fer ; j'espère qu'il va le traiter comme il le mérite.

SCÈNE VII.

MICHAUD, DELIGNY, Les Précédents.

DELIGNY.

Eh bien, monsieur Michaud, voilà notre premier essai qui vient de réussir parfaitement.

MICHAUD.

Je vous en félicite, monsieur.

MOUTONNET.

Comment, not' maître, vous ne savez donc pas...

DELIGNY.

Ah! je vois; ce pauvre garçon en revient à ses moutons, au petit accident de ce matin.

MOUTONNET.

Tiens! il appelle ça un petit accident.

DELIGNY.

Dieu! quelle peur effroyable ont eue ces pauvres bêtes. (Il rit.

MOUTONNET.

Et il ose bien en rire encore!.

MICHAUD, à Deligny.

C'est fâcheux, sans doute, mais, après tout, ce n'est pas de votre faute, d'autant plus que ces moutons auraient dû être rentrés plus tôt.

MOUTONNET.

Là! c'est moi qui ai tort, maintenant.

MICHAUD.

Je vous ai dit mes griefs, monsieur l'ingénieur, et vous avez compris tout ce que votre chemin nous coûte. Eh bien, nous allons voir maintenant ce qu'il nous rapportera.

DELIGNY.

Comment! vous voilà dès aujourd'hui en communication

directe avec Paris, à dix heures de distance ; et que sera-ce donc quand vous verrez toutes nos grandes lignes terminées et notre réseau complet ! Voyez quelle facilité vous aurez d'écouler sur tous les points vos riches produits, vos belles récoltes.

MOUTONNET, à part.

Oh ! y sait bien dire.

DELIGNY.

Jusqu'aux primeurs de votre jardin et aux fruits de votre verger.

MICHAUD.

Oui, quand on voudra bien m'en laisser.

DELIGNY.

Et vos bestiaux, auxquels je ne pensais pas : vous, dont les bœufs, les plus beaux du pays, sont toujours primés dans les concours... Mais il me vient une idée. Comment n'allez-vous pas en conduire à Paris, à l'Exposition universelle qui, justement, va s'ouvrir ?

MICHAUD.

Oh ! c'est autre chose.

DELIGNY.

Comment ! vous, homme de zèle et de progrès, premier agriculteur et maire de votre pays.

MICHAUD.

Allons ! vous me flattez.

DELIGNY.

Vous ne saisiriez pas cette occasion de produire votre belle race de franc-comtois ?

MICHAUD.

Ah ! si la besogne ne pressait pas tant à la ferme, je ne dis pas...

DELIGNY.

Eh bien, soit ! J'admets encore que les travaux souffrent un peu de votre absence; mais aussi quel honneur, qu'un prix obtenu à ce grand concours des premiers éleveurs de l'Europe et de leurs plus beaux produits. Je ne vous parle pas des frais du voyage, qui ne sont rien pour vous; mais encore seraient-ils amplement couverts par des primes dont quelques-unes ne s'élèvent pas à moins de mille francs.

MICHAUD.

En effet, c'est bien dans le programme. Mais savez-vous que ce ne serait pas la première fois de ma vie que je conduirais des bœufs à Paris?

DELIGNY.

Vraiment!

MICHAUD.

Oh! il y a de cela, voyons... une quarantaine d'années... mais c'est tout une histoire...

DELIGNY.

Ah! de grâce, monsieur Michaud, veuillez nous la dire.

MICHAUD.

Un jour donc, mon père, retenu par je ne sais plus quel empêchement, m'avait envoyé, avec un de ses domestiques, vendre à Paris quelques paires de bœufs, ou plutôt au marché de Sceaux... Ah! cela me rappelle que, pour aller de Paris à Sceaux, on avait alors ce qu'on appelait les *Coucous*, voitures dites *à volonté*, mais ne partant toutefois que lorsque toutes les places étaient prises; et en attendant, le conducteur vous criait de tous ses poumons : *Monsieur, Monsieur, ici; Monsieur, encore un pour Sceaux!* Vous disiez : me voilà; vous montiez, et il ne vous fallait plus qu'un peu de patience jusqu'à ce que le chargement fût complet. Et une fois en mouvement, quel supplice, quelles voitures, bon Dieu!

DELIGNY.

Vous avez maintenant le chemin de fer de Paris à Sceaux.

MICHAUD.

Oui, je conviens que c'est mieux... Mais jugez de la joie

avec laquelle je faisais, à cet âge, mon entrée à Paris. J'arrivais chargé de louis d'or et de napoléons que je prenais plaisir à étaler aux yeux de jeunes camarades du pays pour lesquels on m'avait donné des lettres. L'or était rare à cette époque; ce n'était pas comme aujourd'hui, qu'il court les rues...

MOUTONNET.

Tiens! je n'en ai pas encore vu dans celles de Richebourg, pas plus que dans mes poches.

MICHAUD.

Mais nous sommes-nous amusés!... C'était alors le beau temps du Palais-Royal, et là chaque jour de nouvelles parties que venaient me proposer ces farceurs d'étudiants, qui n'étudiaient pas du tout, et qui du reste n'en ont pas mieux tourné, et comme naturellement j'en faisais les honneurs, jugez comme à ce train devaient aller mes louis d'or et mes napoléons... Mais heureusement je sus enfin m'arrêter, car pour peu que j'eusse encore prolongé mon séjour, j'aurais mieux fait que manger la grenouille, j'aurais mangé le bœuf... Ne l'avais-je déjà pas un peu trop écorné? Gare, me disais-je, le moment de rendre mes comptes; gare l'explosion du courroux paternel!... Mais j'étais fils unique, partant, un peu gâté; de plus je rapportais de Paris un air plus dégagé, et, grâce à de beaux habits d'une autre coupe que celle de Richebourg, une tournure que ma mère trouvait ravissante; et puis enfin on était si content de revoir, après une première et trop longue absence, ce fils chéri, que je fus reçu, mon Dieu, comme l'enfant prodigue.

DELIGNY.

Elle est charmante, votre histoire, Monsieur Michaud; mais dites-moi, combien a-t-il fallu de temps à vos bœufs pour faire ce voyage?

MICHAUD.

Mais, je pense, une dizaine de jours.

DELIGNY.

Et vos bœufs arrivaient exténués de fatigue et horrible-
ment maigris. Maintenant, au contraire, ce voyage de dix
jours, vous le ferez en dix heures et vos bœufs, rapidement
voiturés dans leur wagon, arriveront frais, luisants et dispos,
faisant de tous points à leur maître honneur et profit.

MICHAUD.

C'est pourtant vrai !

DELIGNY.

Ainsi vous êtes décidé?

CATHERINE.

Mais si je vous disais, Monsieur, qu'un autre motif bien
plus grave, une affaire bien plus intéressante encore l'appelle
en ce moment à Paris, le mariage de son fils.

DELIGNY.

Est-il possible ! Et vous hésiteriez encore un instant?

MARIETTE.

Mais songez donc aussi, mon oncle, au plaisir de revoir ce
beau Paris à quarante ans de distance.

MICHAUD.

Et toi aussi, Mariette, tu te ligues contre moi?

MARIETTE.

Je fais mieux, mon cher oncle, je vous offre de vous accompagner.

MICHAUD.

Comment ! toi ?

MARIETTE.

Vous vous rappelez, je pense, la promesse que vous m'avez
faite bien des fois de m'emmener avec vous à Paris quand
vous feriez ce voyage.

MICHAUD.

Il est vrai, mais...

MARIETTE.

Du reste, je ne vous embarrasserais pas; vous savez que ma tante se ferait un grand plaisir de me recevoir chez elle.

MICHAUD.

A la bonne heure... mais il me semble... (Regardant sa femme.)

CATHERINE, à demi-voix.

Tu penses au mariage?... Mais c'est arrangé, convenu, pourvu que Charles ignore sa présence.

MICHAUD.

Allons! il n'y a plus moyen de résister. Eh bien, partons.

MARIETTE.

Et vous m'emmènerez?... Quel bonheur!

MICHAUD.

Je vais faire à l'instant préparer mes deux plus beaux bœufs; mais ce n'est pas tout, il me faudra quelqu'un pour les suivre et en avoir soin.

MOUTONNET.

Moi! not' maître.

MICHAUD.

Comment! Toi! tu voudrais voyager en chemin de fer, après tout ce que tu en as dit?

MOUTONNET.

Pour aller à Paris?... oh! je suis capable de tout. Je me convertis, je suis pour le progrès, pour les chemins de fer, pour toutes les inventions possibles, même pour les poteaux graphiques.

MICHAUD.

Eh bien, je t'emmène.

MOUTONNET.

Vrai? not' maître!... O bonheur! Vive le chemin de fer! (Il jette son chapeau en l'air.) Oh! mais, une idée... Donne-t-on aussi des prix, à l'exposition, pour les plus beaux moutons?

MICHAUD.

Sans doute.

DELIGNY.

Comment! de belles primes de quatre à cinq cents francs.

MOUTONNET.

Oh! je vous en prie, monsieur Michaud, laissez-moi emmener aussi deux de mes plus beaux mérinos. Que risquez-vous? je les expose en mon nom, et si on leur donne un prix, naturellement il me reviendra.

MICHAUD.

Bon! Il me semble qu'à ces conditions tu ne risques guère non plus. N'importe! va pour tes deux moutons; je suis dans un jour à ne rien refuser. Mais, pour eux, je te ferai encore la même question; crois-tu qu'après l'aventure de ce matin, ils voudront eux-mêmes se risquer?...

MOUTONNET.

Oui, je réponds d'eux, si je leur montre le chemin.

MICHAUD.

Eh bien! allons nous préparer pour le premier convoi.

FIN DU PREMIER ACTE.

ACTE DEUXIÈME

La scène se passe à Paris. Le théâtre représente un petit salon d'hôtel garni;
à droite la porte de la chambre occupée par M. Michaud, et une autre à gauche
conduisant à celle de Mariette.

SCÈNE PREMIÈRE.

GERMAIN, arrangeant les meubles.

Allons, pas un moment de repos, à chaque instant de nouveaux voyageurs; mais ce n'est pas étonnant avec tous ces chemins de fer; ça vous jette un monde dans ce Paris!... Et puis, c'est l'ouverture de l'Exposition agricole. L'année dernière, c'était déjà l'Exposition universelle qui avait attiré de tous les coins du monde, Dieu merci, pas mal de gens; et maintenant voici de plus les bêtes...

SCÈNE II.

MOUTONNET, GERMAIN.

MOUTONNET, entrant.

Monsieur, j'ai bien l'honneur...

GERMAIN.

Bonjour, mon garçon... Qu'y a-t-il pour ton service?

MOUTONNET, à part.

Tiens! il est un peu familier. (Haut.) N'est-ce pas ici la chambre de m'sieur Michaud?

GERMAIN.

Peut-être bien; c'est d'un Monsieur dont je ne sais pas le nom.

MOUTONNET.

Par exemple! Vous ne savez pas le nom des personnes qui logent cheuz vous? En v'là une drôle!... C'est le n° 18, pas vrai?

GERMAIN.

Oui.

MOUTONNET.

Eh ben, justement; on m'a dit que c'était la chambre de not' maître.

GERMAIN.

Je ne te dis pas non plus le contraire; je te dis seulement que je ne connais pas encore ce Monsieur qui ne fait que d'arriver; et comme il est sorti pour un instant, je prépare sa chambre en attendant... N'est-il pas venu pour l'exposition agricole?

MOUTONNET.

Vous l'avez dit; pour amener des bêtes... quoi!

GERMAIN.

Et de belles, sans doute?

MOUTONNET.

Pardine! autrement ce ne serait pas la peine de se déranger.

GERMAIN.

Et de quel pays?

MOUTONNET.

De Richebourg, da!

GERMAIN.

Richebourg, Richebourg... je ne te demande pas le village, mais la contrée...

MOUTONNET, à part.

Qu'est-ce qu'il nous chante? la contrée! (Haut.) C'est pas de la contrée que ça vient, c'est de la Comté. (A part.) Est-il bête!

GERMAIN, à part.

Décidément le pauvre garçon n'est pas fort.

MOUTONNET.

Oui, deux superbes bœufs purs franc-comtois... et deux mérinos, faut les voir! Au surplus je viens de les exposer tout exprès pour cela.

GERMAIN.

C'est-à-dire que tu les as conduits au Palais...

MOUTONNET.

Oui, j'en sors à l'instant; une belle écurie, ma foi, surtout celle des bêtes à cornes, c'est-à-dire cependant que parmi les bêtes à cornes, y en a encore pas mal qui n'en ont pas.

GERMAIN.

Vraiment! Et comme cela, les moutons sont d'un autre côté?

MOUTONNET.

Certainement, mais je ne les trouvais pas d'abord; c'est un gros allemand, je crois, qui me les avait indiqués tout de travers, de manière qu'un monsieur en uniforme, qu'était là comme en faction, me dit. « Où vas-tu donc conduire tes moutons, imbécile? (A part.) Oh! ils ont des manières et des mots dans ce Paris. (Haut.) Eh ben, que je lui dis, ici. — Non, qu'y me dit, c'est plus loin, à gauche; tu ne vois pas que c'est ici la race caprine? « Tiens, je m' dis : qu'est-ce que c'est encore que celle-là? la race caprine! et sans lui en demander davantage je vais mettre en place mes moutons. Mais v'là qu'en repassant je me dis à part moi: Voyons donc ce que c'est que c'te race caprine. Il me semble que je n'en connaissais déjà pas mal, de races : Voyons : la race chevaline, les chevaux ; la race bovine, les bœufs ; la race ovine, les moutons; la race porcine, les...

GERMAIN.

Les porcs, tu veux dire? c'est le mot propre.

MOUTONNET.

Ah! alors le mot est plus propre que la bête. Y en a d'aucuns qui disent les cochons, fi! nous, plus honnêtes, nous disons
à Richebourg les *habillés de soie*, et de plus, *sous votre res-
pect*. Donc, pour en revenir à la race caprine, je m'approche
de l'endroit que j'avais bien remarqué, et qu'est-ce que je
vois?... tout bêtement les boucs et les biques de not' pays. Ah!
c'est ce qu'on appelle la race caprine; eh ben, j'aurai déjà
appris ça à Paris. Tiens! Et les coqs, pourquoi ce qu'on ne
dirait pas aussi la race coquine? Oh! les coqs! j'en ai-t'y vu
de fiers, hauts comme ça (indiquant une hauteur exagérée), et des
dindons, des oies, des canards, et de fameux lapins avec des
oreilles (montrant son bras) longues comme ça qui traînent par
derrière eux. Mais y en a-t'y, y en a-t'y de ces animaux! on
dit qu'y a tant de gens d'esprit à Paris, ça fait que pour le
moment, y a aussi pas mal de bêtes... dites donc.

GERMAIN, à part.

Tiens! il ne l'est pas encore tant que j'aurais cru. (Haut.)
Mais, par, exemple, il y en a bien aussi d'exposées... à ne
rien avoir... Enfin dans tout cela, qu'est-ce qui t'a le plus
frappé?

MOUTONNET.

Oh! y n'y en a qu'un qui m'a frappé et c'est bien assez, un
animal de berger qui m'a flanqué un grand coup de poing
parce que dans la foule je lui avais marché un peu sur le
pied, je vous demande.

GERMAIN, à part.

Allons! en voilà encore une bonne. (Haut.) Pauvre garçon!
mais voici, je crois, ton maître; c'est bien ce monsieur?

MOUTONNET.

Justement, monsieur Michaud.

MICHAUD.

Ah te voilà, Moutonnet.

GERMAIN, en se retirant.

Si Monsieur a besoin de quelque chose, il voudra bien, sonner.

MICHAUD.

Il suffit.

SCÈNE III.

MICHAUD, MOUTONNET.

MICHAUD.

Eh bien, qu'as-tu fait ce matin, Moutonnet?

MOUTONNET.

Monsieur, j'ai conduit et installé nos bêtes à l'Exposition.

MICHAUD.

Et trouves-tu qu'elles y fassent bonne figure?

MOUTONNET.

Ah! je crois ben! seulement, les v'là ben dépaysées, les pauv' bêtes, et elles vont s'ennuyer quand je ne serai pas là. Je voulais aller leur acheter du foin, mais il est venu des garçons qui en ont mis dans le râtelier et je leur-z- ai dit d'en avoir bien soin, que vous étiez bon pour payer ce qui serait dû.

MICHAUD.

Sois tranquille, va! il n'y a rien à payer.

MOUTONNET.

Tiens! c'est p't-être pour ça qu'y se sont mis à rire...

MICHAUD.

Ah sans doute; toutes ces bêtes, vois-tu, sont nourries aux dépens du budget.

MOUTONNET.

Et le budget, lui, qui est-ce qui le nourrit?

MICHAUD.

Mon Dieu, un peu tout le monde.

MOUTONNET.

C'est donc ça qu'il est si gros, à ce qu'on dit. En v'là un que je voudrais bien voir exposé.

MICHAUD, se contenant pour ne pas rire.

Le budget? (A part.) Ouf!... (Haut.) En effet ce serait très-curieux... On aurait bien voulu l'exposer, mais cela n'a pas été possible.

MOUTONNET.

Et pourquoi?

MICHAUD.

C'est qu'il n'a pas pu passer sous les portes.

MOUTONNET.

Voyez-vous; mais on aurait du prendre mieux ses mesures.

MICHAUD.

Que veux-tu? On ne pense jamais à tout.

MOUTONNET.

Il ne serait pas non plus au Jardin-des-Plantes? Justement je voudrais y aller aujourd'hui.

MICHAUD.

Mais tu verras.

MOUTONNET.

Moi qui ai toujours vécu avec des bêtes apprivoisées, je ne serai pas fâché d'en voir de sauvages; ça me changera. Vous me permettez donc, not' maître, de me promener un peu ce matin, de voir Paris?

MICHAUD.

Mais pour le moment je ne te vois rien de mieux à faire.

MOUTONNET.

Ah! j'ai aussi une commission, une lettre pour un de nos

pays, qui fait, à ce qu'on dit, de fameuses affaires à la Bourse, qui achète à bon marché et qui revend cher.

MICHAUD.

En effet, tant qu'il n'en fera que de pareilles, cela ira bien.

MOUTONNET.

Et puis qui n'est pas fier, qui prend l'argent de tout le monde.

MICHAUD.

Vraiment ! Que de bonté !

MOUTONNET.

Et j'avais pensé tout de même que si mes moutons me valaient un prix de quatre ou cinq cents francs... ça joint à mes petites économies...

MICHAUD.

Tu voudrais, comme les autres, tenter la fortune ! Pauvre garçon, voilà donc que l'ambition te prend aussi ?

MOUTONNET.

Eh ! pourquoi pas ? Si je pouvais m'en revenir avec un petit magot. Tenez, voici c'te lettre. *Monsieur monsieur Lagiot, rue Vide-Gousset, n° 21.*

MICHAUD.

Comment dis-tu ? voyons. (Il lui prend la lettre.) Oui, c'est bien cela, monsieur Lagiot, rue Vide-Gousset. Eh bien ! franchement, je ne te conseille pas de mettre là tes économies.

MOUTONNET.

Ah ! vous pensez ?... Enfin, je le verrai, ce monsieur, je lui ferai toujours ma commission.

MICHAUD.

Allons ! va, mon garçon ; mais ne reste pas trop long- temps, et surtout ne va pas te perdre dans Paris.

MOUTONNET.

Soyez tranquille, not' maître.

SCÈNE IV.

MICHAUD, riant.

Ah! ah! ce pauvre garçon! Il est vraiment amusant; je ne l'aurais pas cru encore de cette force. Mais je ne vois point Mariette... Ah! la voici.

SCÈNE V.

MARIETTE, MICHAUD.

MARIETTE.
A la bonne heure! Vous voilà enfin de retour, mon oncle.

MICHAUD.
Oui, mon enfant; je n'ai pu rentrer plutôt, et sans doute tu m'attendais avec impatience.

MARIETTE.
Vous devez le penser.

MICHAUD.
Du reste, je vois à ta toilette que tu n'as pas perdu ton temps. Au fait, on a beau être de son village, on a toujours son petit brin de coquetterie; mais à ton âge, mon enfant, c'est bien naturel, et surtout à Paris.

MARIETTE.
Mais ne fût-ce que pour aller chez ma tante...

MICHAUD.
Sans doute, et pour nous promener un peu, car il faut bien que je te fasse voir Paris; mais que t'en semble à un premier coup d'œil?

MARIETTE.
Moi! j'en suis toute ravie d'admiration et de plaisir. Mais pour vous, mon oncle, qui le connaissiez déjà...

MICHAUD.

Oui, le vieux Paris, d'il y a quarante ans; mais quand, tout à l'heure, je voyais à la place des sales et noirs quartiers de ce temps, s'étendre toutes ces larges et belles rues, et s'élever tant de brillants édifices, ces casernes qu'on prendrait pour des palais, ces magasins grands comme nos expositions d'autrefois; et enfin, de toutes ces merveilles, la plus étonnante encore, le Louvre achevé, ce rêve de notre jeunesse, oh! j'avoue que je me sentais saisi d'une sorte de vertige!... Que je me réjouis de voir et d'admirer tout cela plus à loisir!... En attendant, je n'ai pas oublié mes petites affaires. Et, d'abord, je suis allé pour voir Charles, chez son banquier, mais je ne l'ai pas trouvé; un commis m'a dit qu'il était à la Bourse. La Bourse! voilà bien la reine du jour; la hausse et la baisse, le sujet de toutes les conversations. Pour moi, depuis mon arrivée, je n'ai guère entendu parler d'autre chose que des Mobilier, des Orléans, des Lyon et d'une kyrielle d'autres actions du Nord, du Midi, de l'Est et de l'Ouest, enfin de tous les points cardinaux, ce qui fait sans doute qu'elles tournent à tous les vents... Mais, à propos, et notre placement!... Il faut encore que je te quitte pour un instant.

MARIETTE.

Oh! vraiment?

MICHAUD.

Oui, ma fille, j'ai ce matin rendez-vous chez ton notaire.

MARIETTE.

Mon notaire! J'ai un notaire à Paris, moi?

MICHAUD.

Sans doute; celui qui est dépositaire de ta part dans la succession de ton oncle; un joli denier, ma foi, plus d'une trentaine de mille francs.

MARIETTE.

Oh! que je vais être riche!

MICHAUD.

Nous serons venus encore fort à propos pour toucher cette somme. Puis de là j'irai chez l'agent de change, à qui je donnerai l'ordre de t'acheter avec cela, aujourd'hui même, non pas certes des actions, mais de belles et bonnes rentes comme les miennes ; alors, à mon retour, je te conduirai chez ta tante. Ainsi, à bientôt ; prends patience.

SCÈNE VI.

MARIETTE.

Prends patience... Il le faut bien ; mais ce n'est pas du tout amusant, de rester ainsi seule dans un hôtel. Ah ! si ma tante me savait si près d'elle ! Chose singulière ! Dans ce vaste Paris, dans toutes ces rues et ces places qu'anime une. foule si nombreuse, il n'est cependant qu'une seule personne que je désire voir, la seule aussi qui puisse prendre à moi quelque intérêt... Et certainement je n'excepte point un cousin qui m'a tout à fait oubliée, et que je ne désire même plus revoir !... Pourvu que mon oncle n'aille pas commettre l'indiscrétion... Combien je regretterais alors d'être venue !... Mais je crois entendre quelqu'un.

SCÈNE VII.

CHARLES, MARIETTE.

CHARLES, introduit par un garçon de l'hôtel.

Monsieur Michaud... Ah ! pardon, mademoiselle, je me trompe sans doute ; je cherchais M. Michaud, et je vois qu'on m'aura mal indiqué sa chambre.

MARIETTE.

M. Michaud ? Il vient de sortir, monsieur.

CHARLES, à part.

Que vois-je ? Cette figure... ces traits... Oui, Mariette... Oh ! qu'elle est bien ! (Haut.) Mariette !

MARIETTE.

Ciel! M. Charles...

CHARLES, à part.

Elle aussi, me reconnaît. (Haut.) Vous à Paris, Mariette?

MARIETTE.

Vous deviez l'ignorer; croyez bien, monsieur Charles, qu'autrement je n'y serais point venue, surtout dans une telle circonstance.

CHARLES.

Mais pourquoi?... N'êtes-vous pas toujours ma parente, et à ce titre...

MARIETTE.

Des liens aussi étroits que ceux qui unissent nos deux familles ne sont pas, je le sais, de ceux que peut briser une longue absence, j'ajouterai même la plus grande indifférence...

CHARLES.

Oh! Mariette! que dites-vous?

MARIETTE.

Aussi devez-vous penser, monsieur Charles, que je fais des vœux bien sincères pour votre bonheur, sans que j'aie désiré toutefois en être témoin.

CHARLES.

Croyez-moi; j'ai douté bien longtemps qu'on pût le trouver à Paris; mais les circonstances décident bien souvent, trop souvent de nos destinées.

MARIETTE.

Mais je ne vois pas, monsieur Charles, que vous ayez trop à vous plaindre de la vôtre. A Richebourg, vous eussiez, en partageant les travaux de votre père, amassé péniblement une fortune trop lente au gré de votre impatience; à Paris, au contraire, en peu d'années et dans un genre d'affaires bien plus attrayant, vous avez pu beaucoup mieux satisfaire votre ambition, cet amour des richesses, qu'on dit vous dominer aujourd'hui, comme tant d'autres...

CHARLES.

Ah! si vous saviez, Mariette, au prix de quelles inquiétudes, de quels tourments!...

MARIETTE.

Je vous comprends : oui, sans doute, il faut bien, pour gagner beaucoup d'argent, en risquer au moins un peu; et de là, comme vous le dites, les inquiétudes, les tourments; puis, même lorsqu'on a gagné, l'amer regret de ne pas avoir joué plus gros jeu. N'est-ce pas ?

CHARLES.

Vous m'étonnez, Mariette; comment savez-vous si bien?...

MARIETTE.

Je ne sais pas, mais je devine; n'importe, votre sort n'excitera, je vous assure, la pitié de personne. Et puis, à Paris, vous vivez dans le grand monde, au sein des plaisirs et des fêtes; vous avez des laquais, de beaux chevaux, de brillants équipages...

CHARLES.

Oh! un instant, ma cousine. Pour avoir gagné quelque argent, on ne monte pas aussitôt une maison, on n'achète pas ainsi chevaux et voiture...

MARIETTE.

Mais on fait mieux, mon cousin; on épouse, comme vous, une riche héritière qui vous les donne.

CHARLES.

Eh bien, soit, on a tout cela peut-être; mais en est-on plus heureux ?

MARIETTE.

Oh! alors que vous faut-il?

CHARLES.

Ne me défiez pas, Mariette; peut-être saurais-je bien vous le dire.

MARIETTE.

Adieu, monsieur Charles, permettez-moi de me retirer; je vais me préparer pour le retour de votre père, qui doit me conduire chez ma tante.

CHARLES.

Mon père! Qu'il me tarde de le voir! Combien je regrette de ne pas l'avoir rencontré!

MARIETTE.

Croyez bien que son impatience n'était pas moins grande; il me disait, il n'y a qu'un instant, qu'il s'était présenté pour vous voir, mais (Avec ironie) vous étiez à la Bourse. Adieu!

SCÈNE VIII.

CHARLES, après un moment de silence.

En vérité, je crois rêver... Quoi! c'est là Mariette, cette jeune cousine, cette compagne des jours de mon enfance et qui eût pu être celle de ma vie entière... Est-ce bien elle que je viens de voir et d'entendre... cette enfant... aujourd'hui cette femme ravissante de grâce et de beauté?... Sotte ambition qui nous fait quitter notre famille, notre pays, pourquoi? Pour courir, à travers un tourbillon d'affaires, après un peu d'or auquel nous sacrifions ainsi les plus douces jouissances du cœur, le bonheur de notre vie... Aussi comme chacune des paroles de cette jeune fille, dans leur naïveté poignante, me pénétrait jusqu'au fond de l'âme! Était-ce sa faute si la simple vérité sortant de sa bouche tombait sur moi de tout le poids d'un sarcasme et d'un remords? Quelle femme, près de celle que les circonstances, le hasard m'ont jetée, en quelque sorte, comme une prime offerte à l'heureux succès de mes spéculations!... N'importe, éloignons de vains regrets, et que ma destinée s'accomplisse!... Et d'ailleurs, combien d'autres me l'envieraient! N'est-ce pas aussi, dans la carrière ouverte devant moi, un bel avenir que celui que

m'assure la main de mademoiselle Desmares? N'allons pas
surtout le compromettre étourdiment.... Tâchons d'oublier
ce rêve, cette apparition qui est venue tout à coup me transporter dans le monde de nos jeunes années et de mes plus
doux souvenirs! Quelqu'un vient... serait-ce mon père?...
C'est lui.

SCÈNE IX.

MICHAUD, CHARLES.

CHARLES.

Mon père! (il l'embrasse.)

MICHAUD.

Cher enfant! Il y a si longtemps que je ne t'ai vu!

CHARLES.

Combien je vous sais gré, mon père, de vous être décidé à
ce voyage.

MICHAUD.

Ah! nous l'avons fait, Dieu merci, lestement. Comme cela
va, ces chemins de fer!... Ah! par exemple, on n'a plus le
temps de dîner.

CHARLES.

Et ma mère, ma bonne mère?...

MICHAUD.

Est restée, bien entendu, à la ferme, où sa présence est si
nécessaire; et moi-même, mon ami, je t'avoue que je ne suis
pas venu seulement pour ton mariage.

CHARLES.

Je le sais, mon père, vous aviez de plus, en ce moment,
l'attrait d'une exposition qui doit vous intéresser beaucoup.
Et moi aussi, je serai fier d'y voir figurer des produits de
notre belle ferme.

MICHAUD.

A la bonne heure! j'aime à voir que tes habitudes de Parisien ne t'aient pas rendu indifférent à tout ce qui n'est pas finances et industrie. Ce n'est pas ma faute, tu le sais, si je ne t'ai pas encore vu dans ta nouvelle famille ; mais il est rare de trouver chez eux les Parisiens, toujours en courses, en affaires... Et à quand le mariage ?

CHARLES.

A demain, je pense, car nous n'attendions que votre arrivée pour dresser le contrat.

MICHAUD.

Du reste, les conditions doivent en être, je suppose, parfaitement arrêtées.

CHARLES.

Sans doute ; une dot de cent-cinquante mille francs est assurée à mademoiselle Desmares ; mais, de mon côté, j'aurai à justifier d'un apport social de cent mille dans la banque de son père.

MICHAUD.

Mais tu m'as dit, je crois, l'avoir réalisé ?

CHARLES.

Oui, mon père, grâces aux avances que vous avez bien voulu me faire, ainsi qu'à d'heureuses spéculations... Et quand reviendrez-vous nous voir ? Il me tarde de vous présenter à monsieur et à mademoiselle Desmares ; demain matin, si vous voulez ?

MICHAUD.

Mais pourquoi pas ce soir ? je suis libre.

CHARLES.

Je vous dirai que, ce soir, nous avons grand bal chez un riche banquier, ami de M. Desmares ; et, pour mademoiselle Lucile, un bal...

MICHAUD.

Eh ! mon Dieu ! comme pour toutes les jeunes filles... Mais... son caractère ?...

CHARLES.

A vous dire vrai, je l'aimerais plus sérieux. Bien jeune encore lorsqu'elle perdit sa mère, et abandonnée aux soins d'une gouvernante un peu mondaine, elle ne connaît guère de la vie que les plaisirs, et il en est peu, d'ailleurs, que lui refuse son père.

MICHAUD.

Hum! hum!

CHARLES.

Elle ressemble, en un mot, à tant de jeunes Parisiennes qui jugent du bonheur des autres à l'étalage de leur luxe, qui se laissent éblouir par l'éclat des diamants sans se demander ce qu'ils ont coûté de peines, de tourments, et trop souvent, hélas! de bassesses et de hontes. Heureux âge! douces illusions qui trop tôt font place à de tristes réalités!

MICHAUD.

Comment... mais tu parles comme un sage, un philosophe.

CHARLES.

Ah! c'est qu'une pensée m'obsède et m'inquiète. Souvent je me demande si mademoiselle Desmares, ainsi entourée des jouissances du grand monde, ne rêve pas un sort plus heureux, un avenir plus brillant que celui qu'elle trouvera dans notre union. Oui, c'est cette pensée qui me poursuit sans cesse, qui plus d'une fois déjà m'a rendu téméraire alors que les événements politiques et les hasards de la guerre livraient les spéculations à de si terribles chances, et qui tout dernièrement encore vient de m'en faire tenter de nouvelles.

MICHAUD.

Tant pis; j'aime les fortunes acquises par le travail, et non celles qu'on doit à un heureux hasard. Et si l'événement venait à tromper ton attente...

CHARLES.

Heureusement la paix et la stabilité rendue aux affaires ne

permettent pas de douter que la hausse ne fasse encore de nouveaux progrès.

MICHAUD.

Comme toi, sans doute, je le suppose ; mais, mon Dieu, qui sait?...

CHARLES.

Il faut vous dire aussi que, pour tenter de nouveau la fortune, j'avais encore un autre motif : afin de donner une plus grande extension à ses affaires, M. Desmares a cru devoir s'associer pour un temps et comme simple bailleur de fonds, un monsieur Montrichard, heureux possesseur de nombreux capitaux dont il tire ainsi de fort beaux revenus. Or, notre ambition serait aussi d'en réaliser assez pour faire seuls nos affaires.

MICHAUD.

Je comprends ; mais, franchement, je vous plains ; combien avec vos banques et vos opérations, je vous vois encore de sujets d'inquiétude et de tourment.

CHARLES.

Il est vrai : bien plus heureux celui qui, comme vous, vit sur ses terres, satisfait de ses modestes revenus... Mais je ne me doutais point que vous eussiez amené avec vous Mariette.

MICHAUD.

Ah! tu le sais... et comment?

CHARLES.

Mon Dieu, pour l'avoir vue ici même il n'y a qu'un instant.

MICHAUD.

Pauvre enfant, qui craignait tant que tu n'apprisses son arrivée! Eh bien! comment l'as-tu trouvée, notre Mariette, assez gentille, n'est-ce pas?

CHARLES.

Oh! charmante!...

MICHAUD.

C'est un autre genre, sans doute, que vos parisiennes ;

mais, ma foi, chacun son goût; je préfère, moi, ces beautés simples et sans art.

CHARLES.

Et non sans esprit, car si j'en ai bien jugé par un instant de conversation...

MICHAUD.

Mais, en effet, la petite n'est point sotte et se présente assez bien; aussi n'aurons-nous pas de peine à lui trouver un mari, va!

CHARLES.

Oh! je vous crois!

MICHAUD.

Et puis une petite dot de soixante mille francs ne sera point dédaignée, je t'assure, dans nos modestes contrées; à Paris, c'est autre chose. Mais aussi a-t-on jamais vu pareil luxe! J'avais bien entendu parler des toilettes à la mode, mais franchement j'étais loin encore d'en avoir une idée. La civilité recommande de laisser aux dames le haut du pavé, mais à ce train il faudra bientôt le leur céder tout entier. Peste! Il était au moins fort urgent que la ville de Paris fît élargir ses rues et ses trottoirs... Où allons-nous? je le demande... Ah! voici Moutonnet.

SCÈNE X.

MOUTONNET, Les Précédents.

CHARLES.

Eh! bonjour, Moutonnet; te voilà donc aussi à Paris?

MOUTONNET.

Monsieur Charles!... Ah! que je suis heureux de vous voir. Vous m'avez donc bien reconnu?

CHARLES.

Cela t'étonne, mon ami? Tu as une de ces bonnes figures qu'on n'oublie pas, va!

MOUTONNET.

Vous êtes bien bon, monsieur ; mais, moi aussi, je vous ai bien remis tout de suite, quoique vous soyez devenu plus monsieur. Ah! j'ai été bien en mal de vous, allez, quand vous nous avez quittés.

CHARLES.

Bon Moutonnet... Adieu, mon père, à demain.

SCÈNE XI.

MICHAUD, MOUTONNET.

MICHAUD.

Ainsi, tu as bien retrouvé l'hôtel ?

MOUTONNET.

Grâce à Dieu ; mais ce n'est pas sans peine. Ouf! je n'en puis plus. C'est une chaleur dans ces rues de Paris... et par instant des foules à ne pas pouvoir mettre un pied devant l'autre, et puis avec ça des voitures qui passeraient à chaque instant sur votre cadavre, si vous n'étiez sans cesse en mouvement pour vous en sauver. Est-ce que c'est tous les jours comme ça, à Paris? Oh ! ça ne me va pas, moi, de ne pouvoir bouger d'une semelle sans être tout de suite coudoyé, bousculé!... quand nous avons tant de place à Richebourg, dites donc, monsieur, hors les jours de foire, par exemple. N'importe, j'ai déjà vu de quoi en raconter au pays.

MICHAUD.

Oh! je ne doute pas, en effet, que tu ne fasses de tout cela des récits très-curieux.

MOUTONNET.

A propos ! en passant tout à l'heure sur une place, j'aperçois un superbe bâtiment avec colonnes, et un grand escalier, sur lequel y avait une foule de messieurs. Naturellement, je de-

mande à un passant ce que c'est. Tiens, qu'y me répond, vous
ne connaissez pas la Bourse ?... Ah ! v'là donc c'te fameuse
Bourse, que je me dis. Bah ! entrons-y. M. Lagiot y sera
p't être, et c'est le cas de lui porter la lettre dont je suis por-
teur. J'entre donc [1], et sans trop savoir où j'allais, je monte
un grand escalier ; mais quand je suis au-dessus, comme qui
dirait au premier étage, et que je plonge ma vue en bas,
qu'est-ce que je vois ?

MICHAUD.

Allons, va donc ; tu es bien long dans ton récit.

MOUTONNET.

Qu'est-ce que je vois ? Des tas d'habits noirs et de cha-
peaux qui m'ont fait l'effet de grands jetons de mouches à
miel ; mais, par exemple, c'est ben un aut' bourdonnement,
des cris et des ramages à vous fendre les oreilles. On dit que
la bourse est un jeu, bon ; mais y me semble qu'on pourrait
se gagner son argent honnêtement, poliment, sans se jeter à
la tête de pareils mots. Mais ce n'est pas tout : y en a qui
agitaient tellement les bras, que j'ai cru qu'ils allaient en
venir aux mains. N'importe, que je me dis ; il faut bien que
je m'hasarde à descendre en bas, si je veux trouver mon
homme. Je descends donc, et je demande à plusieurs messieurs s'ils ne pouvaient pas m'indiquer M. Lagiot. — Connais pas, me dit l'un ; un autre, sans me répondre, se contente de me rire au nez ; un troisième, enfin, plus complaisant,
me demande : — Qu'est-ce qu'il fait, votre monsieur Lagiot ?
— Moi, je lui réponds : Mais y vend et achète, quoi ! y fait
des affaires. — Dans la coulisse ? qu'y me dit. — Et moi,
bien étonné, je m'écrie : Comment, y vend de la coulisse ? Je
n'avais pas bien compris, à ce qu'y paraît. Oh ! là-dessus, le
v'là qui part d'un grand éclat de rire, lui et d'autres mauvais
plaisants qu'étaient là. Alors, moi, je me fâche ; je crie si
bien, qu'un homme de la police arrive et me pousse jusque

---

1. Il est bon de rappeler qu'à cette époque l'entrée était libre.

près d'une porte, par où j'ai été bien heureux de me sauver. Oh! la Bourse!... Mais c'est bien fait; où est-ce que j'allais aussi me fourrer? On m'avait pourtant bien dit que c'était un guêpier, un repaire, un coupe-gorge.

MICHAUD.

N'importe; tu seras toujours bien aise de pouvoir dire que tu as vu la Bourse.

MOUTONNET.

Oh! il n'y a pas de quoi. Sortant de là, et voulant pourtant faire ma commission, je prends le parti d'aller trouver ce monsieur à son domicile, et comme de la Bourse à la rue Vide-Gousset il n'y a qu'un pas, je me présente au numéro 21, où j' demande au portier M. Lagiot. — M. Lagiot, qu'y me dit, y a longtemps qu'il a déguerpi; est-ce qu'il vous doit aussi comme à tant d'autres qui viennent à chaque instant m'ennuyer? — Mon Dieu, non. — Eh bien, tant mieux pour vous. — Mais c'est qu'il est de not' pays. — Alors, je ne vous en fais pas mon compliment. — Mais enfin, où pensez-vous que je pourrais le trouver? — Ma foi, cherchez, peut-être à Clichy; et, là-dessus, il me ferme la porte au nez... A Clichy, j' vous demande, est-ce que j' connais ce pays-là, moi?

MICHAUD.

Clichy! mais c'est la prison pour dettes...

MOUTONNET.

Eh ben! qu'est-ce qui aurait jamais cru ça? un homme qui gagnait tant d'argent! Ma foi, tant pis! v'la ma commission faite[1]. Là-dessus, je m'en revenais donc bien tranquillement, quand tout d'un coup j' m'entends appeler dans la rue : *Moutonnet, Moutonnet!* Tiens, q' je m' dis, qu'est-ce qui peut donc me connaître à Paris?... je me retourne, et qu'est-ce que je vois? un individu d'assez mauvaise mine qui m'aborde en me serrant la main et en se jetant à mon cou. Un instant, que

---

1. Dans le cas où cette scène paraîtrait trop longue à la représentation, on pourrait supprimer ce qui suit jusqu'à la scène suivante.

je lui dis, à ce particulier, qui êtes-vous donc, par hasard?
— Tiens! tu ne me reconnais pas? qu'y m' répond... un ancien ouvrier de la ferme, Marcelin?

MICHAUD.

Mais oui, je me le rappelle, Marcelin qui nous a quittés il y a quelques années?

MOUTONNET.

Eh bien, Monsieur, le croiriez-vous? même après qu'y m'a eu dit son nom, je ne voulais pas le reconnaître, tant il est changé ce pauvre homme!... Si vous saviez le saisissement que ça m'a fait!... Oh! c'est qu'à Paris, allez, il a mené une vie plus dure qu'à la ferme. Et nous qui disions tous, en le voyant partir fièrement avec toutes ses belles promesses : « Est-il heureux d'aller à Paris! — Sans doute, qu'y m'a dit, y en a toujours d'aucuns qui y réussissent, mais combien d'autres qui sont venus, comme nous, y chercher de l'ouvrage ou des places...

MICHAUD.

Oui, et qui n'y ont trouvé, comme eux, que déceptions et misère!

MOUTONNET.

Justement, comme y me disait. Oh! si vous l'aviez entendu, c'était à fendre le cœur! Ont-ils souffert, les pauvres gens! souvent point d'ouvrage et pas toujours du pain! Et puis, tout est si cher dans ce Paris : un logement de rien dans des greniers, un galetas, un taudis, quoi! ça se paie un argent fou.

MICHAUD.

Quand ça se paie...

MOUTONNET.

Oh! quand on ne paie pas, c'est toujours pas trop cher; comme eux justement, avec ça qu'ils avaient affaire à un propiétaire un peu dur; mais, ce qu'y a de drôle, c'est que moins y payaient, plus lui les raugmentait, ce qui ne pouvait pas aller ; si bien, finalement, qu'un beau jour, l'huissier est venu les saisir et les mett' tous su' l' pavé, le père, la mère et les enfants... jugez !...

MICHAUD.

\- Pauvres malheureux !

MOUTONNET.

Alors, que devenir ? A force de chercher, le père a pu enfin se placer comme homme de peine dans une maison de commerce, et la mère comme portière à un autre bout de Paris, dans une petite loge humide, ous qu'elle est très-mal logée, et encore, à condition qu'elle se débarrasserait de ses mioches. Heureusement que des bonnes âmes en ont eu pitié, et les ont fait entrer dans des maisons de charité... « Mais, je te demande, que me disait ce pauv' Marcelin, est-ce la peine d'être marié pour être comme ça séparé de sa femme et de ses enfants ! Dans le pays, on n'a souvent qu'une baraque, mais au moins elle est à vous, et on y vit tranquillement avec sa petite famille. » Aussi, comme ils se repentent de vous avoir quitté, allez, même que plus d'une fois ils auraient bien voulu revenir au pays.

MICHAUD.

Mais la honte, sans doute, les aura retenus ?

MOUTONNET.

Justement, sans compter les frais du voyage.

MICHAUD.

Voilà, je l'espère, une bonne leçon pour toi et pour tant d'autres.

MOUTONNET.

Pour moi, not' maître ? Ah ! voilà une parole... voyez-vous... Pouvez-vous penser que jamais je vous quitterais ? Oh ! promettez-moi seulement de ne pas me renvoyer malgré mes défauts. On dit que je suis simple, mais pourvu que j'aie assez d'esprit pour vous servir et assez de cœur pour vous aimer, c'est tout ce que je demande... Mais vous me garderez toujours, n'est-ce pas ? je vous en prie...

MICHAUD.

Comment! y penses-tu, Moutonnet? mais tu vas m'attendrir... Va, mon garçon, ton maître sera toujours pour toi ce que tu seras pour lui.

SCÈNE XII.

LES MÊMES, MARIETTE.

MARIETTE, en toilette et prête à sortir.

Eh bien, mon oncle, je vous attends.

MICHAUD.

Ah! mon enfant, je t'oubliais, je suis à toi. Partons.

SCÈNE XIII.

MOUTONNET.

Et moi je retourne à l'Exposition. Voilà encore mon plus grand plaisir à Paris, c'est de me retrouver au milieu de toutes ces bêtes; au moins là je me reconnais!

FIN DU DEUXIÈME ACTE.

ACTE TROISIÈME

SCÈNE PREMIÈRE.

DESMARES, LUCILE.

DESMARES.

Eh bien, ma fille, tu as vu ton futur beau-père, M. Michaud?

LUCILE.

Oui, mon père, et à ma grande surprise, car M. Charles ne m'avait point prévenue de son arrivée.

DESMARES.

Mais tu sais qu'il ne l'attendait pas lui-même. Du reste, comment l'as-tu trouvé?

LUCILE.

A vous dire vrai, comme un homme bien... simple, et même, il me semble, de manières un peu... rustiques.

DESMARES.

Peut-être, mais bon et franc.

LUCILE.

Il est vrai; d'une franchise même assez originale, car il paraissait, à l'entendre, être venu plutôt à Paris pour l'exposition que pour le mariage de son fils.

DESMARES.

Mais je ne répondrais pas absolument du contraire; il est certain qu'il a un grand plaisir à parler de sa ferme et de ses bœufs.

LUCILE.

Vous m'aviez bien dit, mon père, que M. Michaud était un agriculteur distingué, cultivant lui-même ses terres. Bien, je comprenais cela ; mais voilà qu'il se trouve être, de plus, marchand de bœufs ; état, il me semble, assez peu relevé. Or, je me demande comment un homme ayant d'ailleurs quelque fortune, peut se livrer à un pareil commerce.

DESMARES.

Es-tu parisienne, ma chère enfant ! et à ce titre absolument étrangère aux plus simples notions de la vie agricole ! Apprends donc qu'il n'y a pas de culture tant soit peu importante sans quelques paires de bœufs. Ne faut-il pas aux cultivateurs des bêtes de travail, et surtout, chose si essentielle et si précieuse, du fumier...

LUCILE, avec uun geste de dégoût.

Quelle horreur !

DESMARES.

Pour engraisser et amender leurs terres. Eh bien ! ces bœufs, tantôt on en achète, tantôt on en vend, suivant les besoins ou les produits de la ferme ; ainsi le cultivateur réalise même une bonne partie de ses bénéfices, et je t'assure, ma fille, qu'il n'y a rien là qui soit le moins du monde déshonorant. Que dis-je ! Et si par ses soins, ses études, il parvient à améliorer la race, à faire des élèves qui soient recherchés dans tout un pays, couronnés dans les concours régionaux, et mieux encore à l'Exposition universelle... n'est-ce pas là un grand honneur !

LUCILE.

Mon Dieu, c'est possible ; mais que voulez-vous, mon père, on ne peut toujours se défendre de certaines impressions.

DESMARES.

Du reste, je ne vois rien là, Dieu merci, et surtout au point où en sont les choses, qui puisse rien changer à tes dispositions au sujet de M. Charles. Il te semblait aussi que tu te sentirais humiliée d'avoir pour beau-frère un simple sous-officier. Mais la croix de la Légion d'honneur qu'il vient de recevoir si jeune encore, nous le montre dès aujourd'hui sur le chemin de la gloire et de la fortune. Et d'ailleurs n'avons-nous pas vu nos généraux les plus fameux, comme lui partis simples soldats, s'honorer d'avoir eu à franchir tous les grades par lesquels ils devaient s'élever au premier rang? Va, crois-moi, mon enfant, nous vivons dans un siècle où l'esprit d'égalité est encore un progrès, et de toutes les carrières ouvertes à notre jeunesse, je n'en vois point de plus nobles que l'agriculture et les armes. Pour moi, que les circonstances ont fait banquier, je t'assure que je n'en suis pas plus fier. Franchement je ne vois pas ce qu'il y aurait de plus relevé, comme tu dis, à passer sa vie entre le doit et l'avoir, l'escompte et le recouvrement, enfermé dans un bureau, n'appliquant son intelligence et ses facultés qu'à aligner des chiffres, à balancer des dépenses et des recettes. Le seul charme, à te dire vrai, que je trouve à cet état, c'est d'y gagner beaucoup d'argent quand on le peut, et toujours, bien entendu, loyalement. Eh bien! c'est ainsi, je l'espère, qu'avec l'aide de ton mari, de son avoir et de son intelligence, nous parviendrons à faire une bonne maison. Voilà, ma chère enfant, ce qui, joint au caractère vraiment estimable de Charles et à ses bonnes qualités, m'a fait désirer cette union. Comme tu le sais, Montrichard m'avait proposé un parti plus riche, il est vrai, son neveu Oscar; mais si les informations que j'ai prises à ce sujet sont exactes, ce jeune homme n'appartiendrait pas à une famille très-recommandable. Enfin le sort en est jeté; j'ai vu notre notaire, avec lequel je me suis entendu pour la rédaction du contrat et qui doit venir dans la soirée. Charles devra aussi prévenir son père. Mais où donc est-il, Charles? je ne l'ai pas encore aperçu ce matin.

LUCILE.

Pour moi, je l'ai à peine vu; il m'a quittée presque aussitôt, sans doute pour retourner près de son père. Et, vous le dirai-je? dans le peu de mots qu'il m'a dits, jamais je ne

l'ai trouvé si peu empressé, si peu aimable... Déjà hier soir,
au bal, je lui trouvais je ne sais quel air de préoccupation.

DESMARES.

Vraiment? Quelques affaires sans doute... et puis la veille
d'un mariage...

UN DOMESTIQUE.

Monsieur Montrichard. (Lucile sort.)

SCÈNE II.

MONTRICHARD, DESMARES.

MONTRICHARD.

Bonjour, mon ami. Eh bien? vous savez les nouvelles?

DESMARES.

Quoi donc?

MONTRICHARD.

Vous n'avez pas vu *le Moniteur ?*

DESMARES.

Mon Dieu, non ; pas encore.

MONTRICHARD.

Eh bien! apprenez donc ce que je viens de lire à l'instant.
Dans tout le Midi et dans l'Ouest, enfin sur une immense
étendue de pays, d'affreuses inondations ont causé les plus
grands désastres. Des quartiers tout entiers, des villages en-
gloutis, les récoltes submergées, perdues... dès hier l'Empereur
est parti pour Lyon.

DESMARES.

L'Empereur! Ah! c'est bien...

MONTRICHARD.

Ainsi, jugez!

DESMARES.

Grand Dieu! combien de malheureuses victimes!

MONTRICHARD.

Sans doute, sans doute, mais c'est à la Bourse qu'il faudra voir le contre-coup. Je m'attends aujourd'hui à une baisse énorme. Pauvres chemins de fer ! surtout l'Orléans, le Lyon, le Grand-Central qu'on dit interceptés, peut-être détruits en partie. Vraiment je plains les porteurs d'actions ; pour eux aussi quelle débâcle !

DESMARES.

Ainsi, vous n'êtes pas du nombre ?

MONTRICHARD.

Dieu m'en garde ! heureusement je m'étais mis depuis quelque temps à la baisse, sans imaginer, il est vrai, que je pusse aussi bien réussir. Je vais aujourd'hui au contraire réaliser d'énormes bénéfices, faire la meilleure bourse que j'ai eue depuis longtemps. Jugez : j'avais fait à la dernière quinzaine une masse de primes sur différents chemins ; et comme nous avions eu d'abord quelques jours de hausse, je pouvais craindre qu'elles ne fussent levées, mais grâce à ces dernières nouvelles...

DESMARES.

Oh ! que dites-vous ?

MONTRICHARD.

Ah !... Manière de parler : vous comprenez, mon cher, que comme vous je déplore... certainement et bien... sincèrement de tels malheurs ; mais après tout je ne puis cependant m'affliger de ce qu'ils aient pour moi des suites heureuses, vous en conviendrez. Voici donc ce qui va arriver : Toutes mes primes étant abandonnées, j'en encaisse le bénéfice, et du moment où je verrai la baisse toucher à son terme, je rachète pour revendre bientôt en hausse.

DESMARES.

Toujours heureux autant qu'habile.

MONTRICHARD.

Oui, je suis forcé d'en convenir, j'ai vraiment je ne sais

quel instinct qui me sert merveilleusement. Ainsi qui n'aurait cru que la paix une fois signée, toutes nos valeurs allaient prendre un essor prodigieux! On dit bien, il est vrai, la paix est escomptée, mais n'importe, on pense qu'il y a place encore pour quelque bénéfice et on achète toujours. Mais qu'arrive-t-il? l'événement accompli, tout le monde veut réaliser et de là encombrement de valeurs flottantes, engorgement de la place chargée d'une masse de titres qui tout à coup jetés sur le marché avilissent les cours et amènent les paniques. Eh bien, c'est alors que j'arrive, moi, et me hâte de remplir dans les bas cours mon portefeuille que j'ai eu soin de vider dans les jours de hausse. (En se frottant les mains.) Voilà comme se font les affaires et comment on réalise de jolis bénéfices. Ainsi a fait mon neveu Oscar formé à mon école; aussi le gaillard est-il aujourd'hui à la tête de plus de deux cent mille francs de bonnes valeurs, ma foi; je vous demande, un garçon de vingt-cinq ans; trouvez-moi beaucoup de partis semblables, sans compter qu'il a pour oncle, je ne dirai pas encore un vieux garçon, que diable! mais un brave célibataire qui tout en menant joyeuse vie saura bien lui tenir en réserve quelques bons capitaux... Mais, à propos, je crois savoir que Charles a fait d'assez forts achats dans cette dernière quinzaine, et ma foi...

DESMARES.

Vraiment! vous m'étonnez?

MONTRICHARD.

Ah! vous l'ignoriez?... Je me reproche alors d'avoir été indiscret.

DESMARES.

Pour moi, comme banquier, et à ce titre dépositaire de fonds assez considérables qui ne m'appartiennent pas, j'ai cru devoir m'interdire toute spéculation de bourse, et je pensais que Charles, depuis qu'il a un intérêt dans ma maison, s'était imposé la même réserve; mais dans tous les cas j'aime à croire qu'il n'aurait fait que des opérations peu importantes.

MONTRICHARD.

Je le souhaite pour lui bien sincèrement, car s'il en avait de fortes à liquider aujourd'hui, je le plaindrais.

SCÈNE III.

MICHAUD, Les Précédents.

MICHAUD.

Messieurs, j'ai l'honneur de vous saluer.

DESMARES.

Monsieur... (A Montrichard.) J'ai l'honneur de vous présenter M. Michaud...

MONTRICHARD.

Le père de M. Charles... Ah ! très-bien...

DESMARES.

Agriculteur distingué.

MONTRICHARD.

Tant mieux ! Nous en avons besoin.

MICHAUD.

Eh non, messieurs, un modeste cultivateur qui cherche à s'éclairer et à faire mieux chaque année.

MONTRICHARD.

A la bonne heure ! J'aimerais voir notre agriculture en progrès. Que diable ! car tous les jours j'entends dire qu'elle est fort arriérée. Aussi voyez à quel prix le pain est aujourd'hui, et encore est-ce grâce à la spéculation et aux envois de l'étranger que nous ne le payons pas plus cher ; mais qu'arrive-t-il ? C'est qu'une grande partie de nos capitaux étant absorbés par ce genre d'affaires, l'argent manque sur la place, et de là cette absence de demandes, ce calme et cette langueur qui trop souvent pèsent sur les cours et compriment l'essor de nos meilleures valeurs.

MICHAUD.

Pauvre agriculture ! Je ne la croyais pas encore si coupable. Comment ! non contente de vous faire payer le pain si cher, elle vient encore entraver vos opérations de bourse !

MONTRICHARD.

Je vous dis comment, c'est tout simple ; je parlais du pain, mais la viande ! Je vous demande si jamais vous l'avez vue aussi à de tels prix ? Pour moi, qui ne vis pas mal, à la vérité, je vous dirai que je m'effraie toutes les fois que j'ai à régler un compte de ménage. D'honneur ! tout en faisant une part raisonnable à l'anse du panier, j'arrive encore dans mes additions à des chiffres vraiment fabuleux ; et pourquoi cela ? Toujours pour la même raison : parce que l'agriculture française ne produit pas assez. Il est clair que quand elle fera plus d'élèves et produira ainsi plus de viande, nous la paierons moins cher, c'est évident ; ainsi, messieurs, produisez, produisez, tout est là.

DESMARES.

Eh bien, monsieur Michaud, vous ne vous attendiez pas à recevoir ici une leçon d'agriculture ?

MICHAUD.

Je l'avoue, et surtout d'un capitaliste. J'aurais, d'ailleurs, supposé ces messieurs fort au-dessus de pareilles questions. Permettez-moi de le dire, est-ce bien à ceux qui parfois gagnent dans une bourse le revenu de plusieurs fermes, qu'il appartient de trouver le pain trop cher ? A vous dire vrai, je me sens peu touché de telles plaintes. Celui qui m'intéresse, c'est l'honnête ouvrier, c'est le pauvre, qui trop souvent n'a d'autre nourriture, heureux encore quand elle ne vient pas à lui manquer ! C'est pour lui surtout que je voudrais voir nos travaux couronnés de plus de succès. Mais si monsieur a voulu parler sérieusement, je lui répondrai qu'en vain nous aurons quelque science si nous n'avons aussi les moyens de la mettre en œuvre. Or, je vous dirai à mon tour, messieurs, n'attirez pas à Paris, à votre Bourse, tous ces capitaux, qui dédaignent aujourd'hui nos modestes placements ; ne nous enlevez pas tant d'ouvriers, que nous voyons chaque jour aussi déserter nos terres pour courir après une fortune plus rapide, mais trop souvent trompeuse. Faites cela, et vous aurez déjà bien mérité de l'agriculture ; mais ce n'est pas tout : rendez-nous aussi favorable le grand agriculteur de là-haut ; qu'il nous donne à notre gré le soleil et la pluie ; qu'il garde nos blés dés insectes qui les rongent, des vents qui les dessèchent, des torrents qui les inondent, et alors, je vous le promets, nous vous donnerons la vie à bon marché. Mais non ; vous tous, capitalistes et industriels, vous nous prenez notre argent, nos ouvriers, vous nous abandonnez à toutes les intempéries des saisons, à tous les fléaux que, pas plus que nous, hélas! vous ne pouvez conjurer ; puis vous nous dites d'un air dégagé : produisez, produisez, tout est là... Amère dérision !

DESMARES, à Montrichard.

Eh bien !

MONTRICHARD, à Desmares, à demi-voix.

Savez-vous, mon cher, que pour un homme de la campagne, un cultivateur... (Haut.) Mais, diable! j'oubliais l'heure de la Bourse... Au revoir, monsieur Michaud, nous pourrons reprendre cet entretien.

MICHAUD.

Toujours la Bourse! Gagner de l'argent, cela répond à tout.

SCÈNE IV.

MICHAUD, DESMARES.

DESMARES.

Pas mal ! vous lui avez tenu tête. Ah çà, monsieur Michaud, vous aimez donc bien votre état de cultivateur ?

MICHAUD.

Mais n'est-ce pas vraiment le plus beau, le premier de tous, celui pour lequel l'homme a été créé? Si le cultivateur ne peut toujours commander à la nature, du moins il ne relève que d'elle-même; il marche libre, indépendant de toutes les servitudes et des ennuis que traînent après elles tant d'autres professions. On dit que l'agriculture ne l'enrichit pas. Eh! qu'importe, si elle le nourrit et le fait vivre. Mais, que dis-je? sans me citer moi-même pour exemple, combien de fortunes n'ai-je pas vues s'élever autour de moi dans les modestes travaux des champs; fortunes, il est vrai, péniblement amassées par les pères et trop souvent dissipées par les enfants dans le séjour des villes.

DESMARES.

Hélas! oui.

MICHAUD.

Et d'ailleurs, est-ce que l'homme vit seulement de rentes, est-ce qu'il ne vit pas aussi d'air et de soleil? Vous le savez, Parisiens, vous qui, le dimanche, vous jetez avec fureur sur les chemins de fer pour aller respirer autour de Paris ce que vous appelez l'air pur de la campagne, mais que je trouve, moi, toujours un peu voilé de fumée et de poussière. Eh bien, cet air vraiment pur de nos champs, de nos prairies et de nos bois, c'est notre vie de tous les jours à nous; cet espace où l'on se meut librement loin de la foule importune et bruyante, voilà nos excursions, nos promenades... Et comprenez-vous aussi les jouissances de l'homme dont l'œil suit dans la plaine les travaux de ses attelages, de ses chevaux, de ses bœufs nés dans ses étables, élevés par ses soins, qu'il appelle par leurs noms, qui, dociles à sa voix, et s'animant en quelque sorte de sa pensée, semblent fiers de concourir avec lui à l'œuvre d'une seconde création!... Oui, car l'homme alors, image de Dieu sur la terre, devient créateur à son tour... Et, plus tard, quand ses labeurs ont porté leurs fruits, quel spectacle doux à ses yeux que celui des champs qu'il a semés, fécondés et couverts de riches moissons!

DESMARES.

Oui, sans doute, tout cela est beau, ravissant par un brillant soleil qui dore la campagne et vous réjouit l'âme et les yeux ; mais je vous plains lorsque arrivent les temps contraires, les pluies, les orages qui submergent vos terres et dévastent vos récoltes.

MICHAUD.

Quelquefois, il est vrai ; mais vous-même, banquiers, capitalistes, est-ce que vous n'avez pas aussi vos jours sombres, vos paniques, vos sinistres ? Et quelle différence ! Chez nous, voyez l'homme aux prises avec les éléments ; il y a du courage, de la grandeur, de la dignité dans la lutte ; chez vous, à la Bourse, c'est une bonne ou une mauvaise nouvelle qui, exploitée avec plus ou moins d'art et d'exagération, fera la crise, la hausse ou la baisse ; que dis-je ? souvent même un faux bruit qui, lancé habilement, vient déconcerter touté prudence humaine. Et c'est ainsi que se font et se défont les fortunes d'un jour, que l'une s'élève sur les ruines de l'autre pour être elle-même entraînée à son tour, et disparaître au premier vent contraire. Grand Dieu ! et c'est à ce jeu cruel qu'un mari va livrer la dot de sa femme, un père l'avenir de ses enfants, et quelquefois jusqu'à l'honneur de son nom !... Quel aveugle délire !

DESMARES.

Très-bien !... Que vous dites vrai !

MICHAUD.

Oui, sans doute, la terre semble quelquefois manquer à l'homme, mais c'est un débiteur que vous avez toujours sous la main et qui, tôt ou tard, vous soldera son arriéré. En est-il de même, je vous le demande, d'une foule d'entreprises que chaque jour voit éclore, où se jettent étourdiment tant de capitaux en échange de titres de toutes couleurs et splendidement imprimés, j'en conviens ? Mais voyez la suite : Bâti par le charlatanisme sur de pompeuses et trompeuses annonces, le château de cartes tombe un beau jour, et que vous reste-t-il ?

une vignette, un chiffon de papier... Ah! que vous auriez mieux fait de placer votre argent plus près de vous, de le confier au sol sur lequel vous marchez, à la propriété, cette amie de tous les temps et de tous les lieux, qui ne peut vous fuir, et qui parfois s'enrichira même de ses désastres. Oui, car les torrents mêmes qui l'auront pour un instant submergée y déposeront un limon fécondant qui, pour l'avenir, en doublera les revenus... Mais pardon, je m'oublie, je me laisse aller au courant de mes pensées, et j'abuse un peu de vos moments.

DESMARES.

Que dites-vous, monsieur Michaud? je vous écoute, au contraire, et vous applaudis de toute mon âme.

MICHAUD.

Oui, voilà pourquoi à tant d'autres professions je préfère, moi, celle de cultivateur, et pourquoi je m'étonne qu'elle ne soit pas mieux comprise et appréciée.

DESMARES.

Mais tout le monde l'honore...

MICHAUD.

En paroles, oui; mais demandez, par exemple, à mademoiselle votre fille si elle ne serait pas plus flattée d'avoir pour beau-père un banquier ou quelque riche négociant? Est-ce que je ne m'en suis pas aperçu moi-même dans quelques instants d'entretien que j'ai eus avec elle?

DESMARES.

Ma fille?... je ne doute pas, Monsieur, que vous n'ayez dès aujourd'hui toute son estime, et plus tard...

MICHAUD.

Son estime, je le crois, je n'accorde à personne, si haut qu'on soit placé, le droit de me la refuser. Mais vous, père, vous devez comprendre que de ma belle-fille j'aurais espéré davantage. Combien il me sera pénible de penser, si plus tard je viens voir à Paris le jeune ménage, que ma présence la gêne, et que si elle-même daigne nous visiter à Richebourg, elle n'y viendra que par déférence pour son mari, impatiente de retrouver au plus tôt à Paris des personnes d'une société plus en rapport avec son rang et ses habitudes. Mais, après tout, ce n'est pas de moi qu'il s'agit, mais de mon fils, de son bonheur; et qu'est-ce que je puis vouloir, mói, sinon le bonheur de mon enfant?...

DESMARES.

Vous vous trompez, je pense, sur les sentiments de ma fille... Mais n'est-ce pas elle que j'entends?

SCÈNE V.

LES PRÉCÉDENTS; LUCILE.

LUCILE, accourant tout émue.

Mon père... (Apercevant M. Michaud-) Ah!

DESMARES.

Eh bien! ma fille!...

LUCILE.

Pardon, vous croyant seul, je venais vous dire...

DESMARES.

Eh bien! Si ce n'est point un secret...

MICHAUD, saluant comme pour se retirer.

Permettez-moi... Monsieur...

LUCILE.

Non, ce n'est point un secret, du moins pour Monsieur.

MICHAUD.

Comment?

LUCILE.

Mais c'en était un pour moi, et je me félicite beaucoup qu'il m'ait été révélé assez tôt.

MICHAUD.

Quelle énigme!

DESMARES.

Voyons, qu'est-ce que cela signifie? Je t'assure, ma fille, que tu m'intrigues singulièrement.

MICHAUD, à part.

Et moi donc!

LUCILE.

Je crois vous avoir dit, mon père, que M. Charles, dans le dernier et très-court entretien que nous avions eu ensemble, m'avait surprise par un air de froideur et de contrainte qui ne lui était pas ordinaire...

DESMARES.

Oui, ma fille.

LUCILE.

Et que vous avez bien voulu attribuer à quelque grave préoccupation...

DESMARES.

En effet.

LUCILE.

Eh bien, je crois en avoir maintenant une autre explication. Vous en jugerez, vous et Monsieur; j'en appellerai à sa franchise.

MICHAUD, à part.

J'ai beau chercher, je n'y suis pas du tout.

DESMARES.

Enfin, explique-toi, je t'en prie...

LUCILE.

Monsieur, que nous pensions être venu seul à Paris, n'était-il pas accompagné d'une jeune personne?

MICHAUD, à part.

Ah! mon Dieu! où a-t-elle pu savoir? (Haut.) Il est vrai, mademoiselle, j'étais accompagné de ma nièce, qui a profité de cette occasion pour venir voir à Paris une tante qui depuis longtemps la demandait.

DESMARES.

Ah!

LUCILE.

C'est fort bien; mais alors veuillez nous dire, Monsieur, pourquoi ce mystère de votre part et de celle de M. Charles. Il était bien simple, il me semble, de nous informer de l'arrivée de cette jeune parente, et même de nous la présenter.

DESMARES.

Mais en effet, nous aurions été heureux...

MICHAUD.

Eh bien! à ne vous rien cacher, c'est précisément ce que redoutait la pauvre fille. Élevée à la campagne, et on ne peut plus simple dans ses manières comme dans sa toilette, elle eût craint de se produire dans le monde.

LUCILE.

Mais chez mon père, à la maison seulement, il me semble...

MICHAUD.

Sans doute; mais alors elle eût dû naturellement figurer au mariage, et elle s'effrayait à cette seule idée...

LUCILE.

Et vous êtes sûr qu'aucun autre motif...

MICHAUD, avec embarras.

Mais je...

DESMARES.

Oh! lequel pourrait-on supposer? Écoute, ma fille, cela se conçoit parfaitement. Une jeune provinciale ingénue, timide; je comprends cela, moi, je comprends cela; mais, ma foi, tant pis pour elle, la voilà trahie, dévoilée. Vous nous l'amènerez, monsieur Michaud, vous nous le promettez. Pour moi. je n'en ai qu'un plus grand désir de la voir.

LUCILE.

Mais, mon père... Songez donc cependant....

DESMARES.

Allons, allons, c'est entendu; ainsi tu vois, chère enfant, qu'il n'y avait pas là, grâce à Dieu, de quoi t'alarmer le moins du monde; et je gage que tu seras toi-même enchantée de faire la connaissance de ta jeune cousine. Parbleu ! je suis fort aise que M. Michaud se soit trouvé là justement pour te donner cette explication. Tu vois que s'il y avait là un mystère, il n'avait rien que de fort innocent...

LUCILE.

Enfin, vous le voulez....

MICHAUD.

Monsieur, mademoiselle... permettez-moi de vous quitter.

DESMARES.

Ainsi, à ce soir, ici même, la lecture du contrat. Ne pourriez-vous déjà venir avec mademoiselle votre nièce ?

MICHAUD.

Ah ! pour ce soir, je n'oserais vous la promettre. Au revoir.

SCÈNE VI.

DESMARES, LUCILE.

DESMARES.

Sais-tu bien, chère enfant, que tu m'avais tout d'abord effrayé avec ta jeune fille ? Et qui donc t'avait si bien informée ?

LUCILE.

Vous tenez à le savoir ?

DESMARES.

Oui.

LUCILE.

Madame de Folleville.

DESMARES.

Justement, une amie de Montrichard ; allons, je vois qu'il tient toujours pour son neveu. Je ne sais comment il fait, mais il sait toujours tout, ce diable de Montrichard. Ah! le voici.

SCÈNE VII.

MONTRICHARD, Les Précédents.

MONTRICHARD.

Eh bien, je vous appporte des nouvelles de la Bourse.

DESMARES.

Très-bien, car j'en attendais avec impatience.

LUCILE, saluant comme pour se retirer.

Vous allez, messieurs, parler affaires...

MONTRICHARD.

Et vous voulez nous quitter pour cela, charmante Lucile. Eh bien, moi, je pense que cela peut vous intéresser, mais beaucoup.

LUCILE, restant.

Je ne m'en serais pas doutée, je vous assure.

MONTRICHARD.

Vous verrez... J'avais bien prévu une grande baisse, mais pas aussi forte.

DESMARES.

Vraiment?

MONTRICHARD.

D'un franc cinquante sur la rente, de soixante, quatre-vingts, cent francs et plus sur les chemins [1]! Pauvres haussiers! Il fallait voir leur désarroi.

1. Bourse du 5 juin 1856.

DESMARES.

Les nouvelles étaient donc bien mauvaises?

MONTRICHARD.

Il est vrai; on n'entendait parler que d'immenses débordements de la Saône, du Rhône et de la Loire, de ponts, de villages entiers emportés par les eaux, de bateaux disparus, de populations errantes, sans asile et sans pain, de récoltes partout anéanties, enfin de pertes incalculables de toutes sortes. Et vous jugez si nous, baissiers, n'avons pas dû encore charger le tableau; franchement, nous avons même un peu abusé de nos avantages. Le mot était donné, et à la moindre reprise, des offres formidables venaient écraser les cours, jusqu'à ce qu'enfin nous ayons vu la baisse arrivée à son dernier terme. Oh! alors, nous avons racheté, racheté, en sorte qu'il y a eu, fin de bourse, une certaine reprise, mais encore fort légère, tant les esprits avaient été ébranlés, démoralisés.

DESMARES.

Ainsi, pour vous, la journée est bonne?

MONTRICHARD.

Mon Dieu, vous concevez, j'avais fait pour cette quinzaine une masse de primes, aujourd'hui, cela va sans dire, toutes abandonnées. De plus j'avais, au plus fort de la hausse, vendu ferme un grand nombre de chemins et bien d'autres valeurs, dans lesquelles je rentre aujourd'hui à des cours vraiment inespérés. Mais voilà ce qu'il nous faut à la Bourse, de l'imprévu. Nous y sommes bientôt las du calme; ce qui fait les affaires, c'est le mouvement, l'agitation, et de temps à autre les crises, les paniques...

DESMARES.

Et, bien entendu, ce qui fait aussi les victimes.

MONTRICHARD.

Que voulez-vous, mon cher? tant pis pour les victimes, malheur aux vaincus; ils devaient mieux jouer... Mais, à propos, vous n'avez pas vu M. Charles?

4.

DESMARES.

Pas encore.

LUCILE.

C'est une chose vraiment singulière, que M. Charles devienne en quelque sorte invisible !

MONTRICHARD.

Comment, à la veille de son mariage ! Oh ! c'est qu'il avait aujourd'hui de grandes affaires. Je vous dirai qu'à la Bourse, où je l'ai aperçu un instant, je lui ai trouvé une figure fort triste, un air bien abattu.

DESMARES.

Vraiment ! Il aurait donc réellement engagé à la hausse de fortes sommes ?

MONTRICHARD.

Mais il paraît qu'il ne s'était pas mal chargé, précisément des chemins les plus maltraités ; et s'il a dû réaliser, il n'a pu le faire qu'à des cours désastreux.

DESMARES.

L'imprudent ! et ne m'avoir rien dit !

MONTRICHARD.

En effet ! Il est au moins surprenant, surtout aux termes où vous en êtes, qu'il se soit, à votre insu, livré à de telles opérations. Hum ! eh qui sait même où elles ont pu le conduire ! Mais n'est-ce pas aujourd'hui que vous devez signer le contrat de mariage ?

DESMARES.

Ce soir même ; n'oubliez pas votre invitation.

MONTRICHARD.

Diable ! Eh bien, à votre place je me donnerais, moi, le temps d'y réfléchir.

DESMARES.

Comment ! que dites-vous ? que je manque à une parole, à un rendez-vous donné !

MONTRICHARD.

Mais songez aussi, Desmares, qu'il s'agit ici de deux choses bien graves, du bonheur de votre fille et du crédit de votre maison.

DESMARES.

Sans doute, mais on comprendrait encore moins comment avant d'amener les choses au point où elles sont, je n'aurais pas fait toutes mes réflexions.

MONTRICHARD.

Mais prenez garde ! si les positions ne sont plus les mêmes, si ce jeune homme qui devait apporter à votre banque une mise de fonds déjà bien modique, ne pouvait même plus aujourd'hui la réaliser !

DÈSMARES.

Oh ! Charles est homme d'honneur, il le dirait.

MONTRICHARD.

Oui, si l'amour-propre ne l'emportait ; mais craignez plutôt que, retenu par une fausse honte...

DESMARES.

Eh bien, à son défaut, son père serait là pour remplir ses engagements, et il paraît avoir une assez belle fortune.

MONTRICHARD.

En terres, oui ; mais qu'est-ce que cela rapporte, et qu'est-ce que cela vaut ?

DESMARES.

Peste ! Quel cas vous faites de la propriété ! si vous aviez entendu en parler tout à l'heure ce bon M. Michaud, avec quel amour, quel enthousiasme ! Vraiment, j'enviais son bonheur !

MONTRICHARD.

Allons, vous en voilà maintenant à vous laisser prendre

aux tableaux de la vie champêtre, aux charmes de l'art agricole...

DESMARES.

Oh !

MONTRICHARD.

Eh! tant mieux, mon cher; cela vous vient fort à point, au moment de vous allier à une famille de cultivateurs... Mais voyons cependant, et parlons un peu sérieusement, car enfin j'en ai bien le droit, il me semble, d'abord en raison de notre bonne amitié, et ensuite de l'intérêt tout particulier que je me fais honneur de porter à mademoiselle Lucile. Or, pour en revenir à M. Charles, devenu si rare à la maison, disait-elle encore tout à l'heure, êtes-vous bien sûr qu'il n'y aurait pas là aussi quelque autre préoccupation que celle des affaires ?

DESMARES.

Ah! je vous vois venir... Une jeune personne de son pays, n'est-ce pas? venue mystérieusement à Paris... Nous connaissons cela; mais c'est expliqué, parfaitement expliqué.

MONTRICHARD.

Ah !

DESMARES.

Oui; une jeune cousine, élevée à la campagne, timide, ingénue, qui voulait faire un mystère de son voyage, même à son cousin. Voyez quel enfantillage !

MONTRICHARD.

Très-bien. Mais que voulez-vous, mon cher? J'ai le malheur, moi, de croire peu aux ingénuités de village, et voici une autre explication qui, pour être moins naïve, pourrait bien n'en être que plus vraie. Supposez, par exemple, que la jeune fille et son cousin, élevés ensemble sous le même toit, se seraient aimés dès leurs plus tendres années; que même ils auraient été comme fiancés par leurs parents. Bien; mais voilà qu'un beau jour le jeune homme saisi d'un peu d'ambition, ou peut-être d'un simple désir de changement, s'en va tout à coup chercher à Paris un séjour plus agréable, une existence plus brillante. Alors grand chagrin, désespoir de la jeune fille. Mais que sera-ce donc, quand elle apprendra que l'infidèle l'oublie, et trahit ses serments au point de vouloir enchaîner à une autre sa destinée? Oh! alors ne sera-t-elle pas capable de venir tenter près de lui un effort suprême; et qui vous dit qu'elle ne réussira pas; que d'une parole, d'un regard, elle ne rallumera pas plus vive que jamais une flamme mal éteinte?... Pardon : c'est une simple supposition; mais ne serait-ce pas là l'histoire du cousin et de la jeune villageoise? et la chose ne serait-elle pas assez grave pour qu'on se donnât au moins le temps de l'éclaircir?

LUCILE, très-émue.

Sans doute...

MONTRICHARD.

Vous l'avez dit, Mademoiselle; je n'en demande pas davantage.

DESMARES.

Mais aussi qu'allez-vous imaginer? Quel homme!... Mais encore, une fois, songez donc à ma position, moi qui, à l'instant même, viens encore de rappeler à M. Michaud notre rendez-vous de ce soir. Non, vraiment, je ne puis...

UN DOMESTIQUE.

Voici, pour Monsieur, une lettre qu'on dit très-pressée.

DESMARES.

Voyons : « Monsieur, je m'empresse de vous donner avis « que votre mandat sur M. Mirvaux, a été protesté...» Comment! impossible! « Cette maison vient de suspendre ses paie-« ments. » Ciel!

MONTRICHARD.

Ah! vous étiez en affaires avec Mirvaux?

DESMARES.

Comment ! je suis à découvert avec lui de plus de vingt mille francs...

MONTRICHARD.

Eh bien, autant de perdu, mon cher... j'avais oublié de vous le dire... Mirvaux, qui sans qu'on s'en doutât avait beaucoup joué à la hausse dans ces derniers temps, Mirvaux à cette bourse même, vient d'être exécuté.

DESMARES.

Grand Dieu ! Que de traites à rembourser et dans un moment...

MONTRICHARD.

Eh bien, n'allez-vous pas vous désespérer ? Est-ce que je ne suis pas là ?

DESMARES.

Ah ! merci !

MONTRICHARD, lui prenant la main.

Vous connaissez, je l'espère, mon amitié, mon dévouement...

DESMARES.

Je n'en doute pas, certainement (à part.), et j'en sais tout le prix.

MONTRICHARD.

Mais soyez raisonnable ; et au moins pour aujourd'hui, ne parlons pas de mariage...

DESMARES, avec les signes d'une vive anxiété.

. Mais...

MONTRICHARD.

Allons ! c'est entendu ; n'est-ce pas, Mademoiselle ? Écrivez seulement un petit mot à Charles, au notaire, et je m'en charge.

DESMARES, *écrivant précipitamment deux lettres.*

Ce ne sera, je l'espère, qu'un ajournement ; mais n'importe ; (*Remettant les lettres à Montrichard.*) Pour la première fois je manque à ma parole !...

MONTRICHARD.

Au revoir, à bientôt. (*Il sort à la hâte, pendant que M. Desmares et Lucile restent immobiles sur le devant de la scène, celle-ci vivement émue et son père comme frappé de stupeur.*)

FIN DU TROISIÈME ACTE.

ACTE QUATRIÈME

Le théâtre présente la même décoration qu'au deuxième acte.

SCÈNE PREMIÈRE.

MICHAUD, rentrant et tenant sous le bras le livret de l'Exposition.

Ah ! me voilà revenu, je pense, de ma dernière visite à l'Exposition... C'est qu'il en faut, du temps, pour parcourir avec quelque attention toutes ces vastes galeries, et encore combien des choses indiquées dans cet énorme livret ont pu m'échapper ! (Il pose le volume sur une table.) N'importe ; j'aurai passé là des heures vraiment délicieuses. J'étais heureux de voir et d'étudier de près toutes ces belles races que je ne connaissais encore que de nom. Et puis, à entendre les mugissements des taureaux et des vaches et les tintements de leurs clochettes, à voir ces vertes pelouses, ces fleurs et ces jets d'eau, je me croyais parfois transporté tantôt dans les riantes vallées de la Suisse, tantôt dans les riches parcs de l'Angleterre... Et que dire de ces milliers de machines amenées de toutes parts, à ce rendez-vous des nations, de ces instruments prodigieux qui centuplent les forces de l'homme, et par lesquelles l'industrie semble vouloir rendre à l'agriculture les bras qu'elle lui ôte ?... Heureuse paix ! Puisse durer longtemps cette alliance des peuples, qui nous permet de voir de si belles et de si grandes choses ! A un tel spectacle, qui ne se sentirait ému et saisi d'une noble émulation ?

SCÈNE II.

MICHAUD, MOUTONNET.

MICHAUD.

Ah ! c'est toi, Moutonnet ?

MOUTONNET.

Je venais voir, monsieur, si vous étiez rentré; c'est mam'selle Mariette qui vous demande.

MICHAUD.

Eh bien, qu'elle vienne.

MOUTONNET, l'appelant dans la coulisse.

Mam'selle Mariette?

MARIETTE.

Je viens, mon oncle, à la nouvelle de toutes ces inondations, de ces désastres dont on parle, vous demander si vous avez reçu quelque lettre de Richebourg?

MICHAUD.

Pas encore; j'en attends une de ta tante, qui ne peut tarder; mais je puis déjà te rassurer: il n'y a, jusqu'ici, aucun danger pour Richebourg.

MARIETTE.

Et comment le savez-vous?

MOUTONNET.

Oui.

MICHAUD, d'un ton fier.

Ah! comment je le sais?... Par une dépêche télégraphique; je voulais partir, lorsque heureusement on me donna cette idée. Eh bien, comprends-tu cela, une dépêche envoyée et la réponse reçue, l'une et l'autre en dix minutes?

MARIETTE.

C'est prodigieux!

MOUTONNET, d'un air ébahi.

Bien vrai, monsieur?

MICHAUD.

Puisque je vous le dis.

MOUTONNET.

Par exemple! je l'avais déjà bien entendu dire à l'hôtel, mais je n'ai pas osé vous le demander; je croyais qu'on voulait encore se moquer de moi.

MARIETTE.

Et toi, maintenant, te moqueras-tu encore des grands poteaux ?

MOUTONNET.

Que voulez-vous ! je dis que nous vivons dans un monde de sorciers, ou que je ne suis qu'un imbécile ; c'est l'un ou l'autre.

MICHAUD.

Ah ! ah ! prends garde que ce ne soit l'autre.

UN DOMESTIQUE.

Une lettre pour monsieur Michaud.

MICHAUD.

Ah ! très-bien !... De ta tante. (Après l'avoir décachetée.) Tiens, Mariette, lis-nous cela.

MARIETTE, lisant.

« Je n'ai pas besoin de te dire, mon ami, quel plaisir m'a
« causé ta lettre et celle de notre bonne Mariette. J'ai joui en
« imagination du spectacle de ce beau Paris, et de toutes ces
« merveilles dont vous me parlez. Quel dommage que de si
« fâcheuses nouvelles soient venues attrister ce beau voyage !
« Et nous aussi, nous avons été menacés un instant : la rivière
« était débordée, et déjà l'eau couvrait la prairie ; mais heu-
« reusement elle s'est bientôt retirée sans causer de grands
« dégâts. Ainsi, à d'autres toute notre pitié et nos faibles se-
« cours. A la réception même de ta lettre, une souscription a
« été ouverte à la mairie, et, suivant tes intentions, ton nom
« y figure en tête pour une somme de mille francs. C'est
« bien ; comme maire, tu as donné un bon exemple, mais que
« tous aussi s'empressent d'imiter : tu seras content. Par suite
« de ces mauvaises nouvelles, il y a eu à notre dernier marché
« une forte hausse sur le blé ; mais pour nos malheureux, j'ai
« toujours laissé le tien au même prix. Ai-je bien fait ? Oui,
« je vois que tu m'approuves. »

MICHAUD.

Eh! certainement; il était déjà bien assez cher.

MARIETTE, continuant à lire.

« Que te dirai-je encore? Que tout va bien à la ferme; que
« nous avons semé les colzas et commencé les foins, que vous
« trouverez, je l'espère, déjà bien avancés. En attendant, je
« t'embrasse, ainsi que Mariette. »

MOUTONNET.

Dites donc, Monsieur, que ça fait de bien à Paris d'entendre
parler des foins! je crois y être déjà. Seulement je m'étonne
que not' bourgeoise ne dise pas un petit mot de mes pauv'
moutons.

MARIETTE.

Attendez, voici un *post-scriptum*.

MICHAUD.

Voyons.

MARIETTE.

« Dis à Moutonnet... »

MOUTONNET.

Ah!

MARIETTE.

« Que son troupeau semble un peu dépérir depuis son ab-
« sence, et qu'il est temps qu'il revienne. »

MOUTONNET.

A la bonne heure! Ah! partons donc, Monsieur, au plus
vite... Pauv' bêtes!

MICHAUD.

Mais y penses-tu, Moutonnet? Et notre exposition, et nos
prix!

MOUTONNET.

Ah! c'est vrai tout de même; mais après cela, j'en aurai
assez de Paris : je ne voudrais pas seulement y rester en
peinture.

MICHAUD.

D'autant plus, mon pauvre garçon, que tu n'es guère un homme à peindre.

MOUTONNET.

Ah ! alors ça se trouve bien.

MICHAUD, tirant sa montre.

Mais, à propos ! voilà l'heure de notre rendez-vous chez monsieur Desmares... Oui, huit heures, et je suis étonné de ne pas voir encore Charles, car il est convenu qu'il viendra me prendre.

MOUTONNET.

Allons, je vais un peu au-devant, et lui dirai de se dépêcher.

MICHAUD.

Oui, va ! Mon Dieu, quel ennui que toutes ces formalités, ces cérémonies. Et puis, des gens avec lesquels je ne suis pas libre, un monde qui ne me va pas du tout... Ne faudrait-il pas faire un peu plus de toilette ? Qu'en penses-tu, Mariette ?

MARIETTE.

Pour moi, je vous trouve bien ainsi, mon oncle.

MICHAUD.

Bon ! Ai-je au moins une paire de gants ? Ah ! oui. Eh bien, mettons-les et tenons-nous tout prêts, car je crains que nous ne soyons en retard. Un jeune marié, se faire attendre ! ce serait beau !... Voyons... ma canne, mon chapeau... Ah ! je crois l'entendre, grâce à Dieu !

MARIETTE, se retirant.

Permettez-moi...

MICHAUD.

Comment ? tu te sauves de ton cousin ? Ah ! je comprends...

SCÈNE III.

MICHAUD, CHARLES.

MICHAUD.

Eh bien, arrive donc ; je t'attends depuis une heure.

CHARLES.

Pardon, mon père ; des affaires...

MICHAUD.

Comment ! Est-ce qu'en pareil cas il y a d'autres affaires ?
Mais je te trouve un air tout singulier, une figure...

CHARLES.

Ah ! mon père, plaignez-moi, ou plutôt abandonnez-vous à
un trop juste courroux.

MICHAUD.

Comment ! que veux-tu dire ?

CHARLES.

D'abord, que notre rendez-vous n'a plus lieu, et que mon
mariage est rompu.

MICHAUD.

Il serait possible !

CHARLES.

Une lettre que j'ai reçue de M. Desmares est encore pour
moi un mystère, car j'ignore comment il aurait déjà connu le
changement de ma position ; mais moi-même je l'avais devan-
cée, cette lettre, par une autre où je lui déclarais renoncer à
la main de mademoiselle sa fille et lui rendre sa parole.

MICHAUD.

Enfin, veux-tu bien t'expliquer plus clairement, car pour
moi je ne comprends rien à tout cela.

CHARLES.

Je vous ai dit, mon père, qu'enhardi par d'heureuses spéculations, j'avais voulu, en vue de mon mariage et du fonds social que j'avais à constituer avec M. Desmares, en tenter de plus grandes encore. Eh bien, apprenez donc qu'aujourd'hui, trahi par la fortune et impuissant à réaliser même mes engagements, je me vois ruiné, perdu, déshonoré peut-être...

MICHAUD.

Allons, je le vois, de l'excès de la confiance te voilà tombé maintenant dans l'excès de l'abattement. Voyons, plus de courage et de sang-froid. Je ne suis point initié, moi, et j'en rends grâce à Dieu, à tout ce que vous appelez vos opérations; mais enfin tâche un peu de me faire comprendre la position dans laquelle tu te trouves aujourd'hui.

CHARLES.

Elle est du reste bien simple; comptant sur une hausse prochaine, j'ai acheté un grand nombre d'actions, les unes au comptant, les autres livrables à quinzaine et sans avoir les fonds nécessaires pour les payer, et comme elles perdent beaucoup aujourd'hui, vous comprenez que s'il me fallait revendre, j'aurais à subir d'énormes différences.

MICHAUD.

Je comprends, et ce qu'il faudrait alors, ce serait assez d'argent pour payer en attendant un meilleur moment pour vendre.

CHARLES.

Sans doute...

MICHAUD.

Enfin quelle somme?... Je vois, tu n'oses le dire... vingt mille francs, trente mille?

CHARLES.

Davantage.

MICHAUD.

Quarante mille?

CHARLES.

A peu près.

MICHAUD.

Imprudent!

CHARLES.

Eh! qui pouvait prévoir?...

MICHAUD.

Mais quoi, au contraire, de plus fréquent à la Bourse, que ces baisses soudaines, ces crises inattendues; et voilà ce que dans ta modeste position de fortune tu n'as pas craint d'affronter! Mais cette somme, ce n'est pas moi, tu le penses, qui pourrais te la trouver. Inconnu à Paris, j'y suis sans crédit. Mais, j'y pense... sur dépôt de titres, on a toujours de l'argent à la Banque.

CHARLES.

Il est vrai; mais je dois vous l'avouer, toutes mes valeurs y sont déjà déposées.

MICHAUD.

Mais les miennes, mes inscriptions de rentes, que tu as toujours, n'est-ce pas? Je t'autorise à en disposer.

CHARLES, confus et troublé.

Mon père! me le pardonnerez-vous?

MICHAUD.

Malheureux!... je te comprends : tu n'as pas attendu, tu n'as pas demandé le consentement de ton père pour disposer de ses titres! et tu n'as pas craint de livrer au hasard le fruit de ses épargnes si péniblement amassées? Que dis-je! la part même de ton frère, qui, plus soucieux de gloire que d'argent, ne pense qu'à payer noblement sa dette à la patrie, et ne joue, lui, comme de son temps le général Foy, qu'à la hausse de l'honneur national. Grand Dieu! Voilà donc comment s'altèrent à cet impur foyer de la Bourse les sentiments d'honneur que nous, pères, nous prenons tant de soin à développer et à entretenir dans le cœur de nos enfants. Oh! c'est que tout est bon, et qu'il n'y a pas de temps à perdre pour arriver plus vite, pour satisfaire au plus tôt cette fureur de gain, cette soif de richesse qui vous dévore; mais aussi prenez garde! Ah! vous voulez, messieurs, des fortunes à la vapeur, des trains à toute vitesse, mais gare l'explosion, les catastrophes et la ruine!...

CHARLES.

Ah! mon père, ne m'accablez pas.

MICHAUD.

Non, car tu n'as pas, j'aime à le croire, réfléchi sérieusement à ce que tu faisais; non, car le joueur me semble être dans un état de fièvre, de frénésie qui lui ôte le sentiment et la conscience de ses actions; c'est le jeu qu'il faut maudire!... Eh bien, voyons maintenant. Dans l'affreuse position que tu t'es faite, à quelles personnes, dis-moi, à quels moyens prétends-tu recourir? car enfin il y va de ta fortune, de ton honneur!... Tu ne me réponds pas; tu ne sais, tu n'oses me répondre.

CHARLES.

Il est vrai, je demeure accablé sous votre juste courroux. Et cependant, mon père, n'oubliez pas que la perte que j'ai faite n'est pas de celles dont on ne puisse se relever; que cette crise passée et toutes mes valeurs revenant bientôt à leur cours...

MICHAUD.

Oui, toujours des espérances, des illusions... Et, en attendant, c'est de l'argent qu'il te faut, que tu ne trouveras pas avec ton crédit perdu, et que moi-même je chercherais en vain.

CHARLES.

Non, mon père; il ne vous serait pas, je crois, impossible de le trouver. Mais à quelles conditions!... Je n'ose vraiment y penser... Et encore, à défaut de M. Desmares, à qui certainement je ne voudrais recourir à aucun prix, je ne vois que M. Montrichard...

MICHAUD.

Qui? lui! Cet important capitaliste, ce fameux agioteur? Non, non, ce n'est pas devant l'orgueil et la fatuité de ces parvenus de la finance que ton père, honnête cultivateur, ira courber humblement la tête; et ce qu'il a gagné à la sueur de son front, il n'ira pas le jeter en pâture à de tels loups-cerviers. Non, je vais plutôt trouver ton agent de change; peut-être me [donnera-t-il quelque utile conseil. Tu m'attendras ici... Ah! Charles, Charles, qu'as-tu fait?...

SCÈNE IV.

CHARLES, après un moment de silence.

Oui... qu'ai-je fait?... Que suis-je venu faire à Paris?... Restant dans mon pays, près de ma famille, j'y eusse vécu comme elle de cette vie calme et heureuse qui, pendant de trop courtes années, fut aussi la mienne; j'y eusse conservé purs ces sentiments, ces traditions d'honneur dont l'écho, se réveillant à la voix terrible de mon père, vient de retentir si douloureusement dans mon cœur. Que dis-je?... Et un jour la main de Mariette eût mis le comble à mon bonheur!... Mais aujourd'hui, grand Dieu! Quel contraste!... A la place de ces beaux rêves, quelle affreuse réalité!... Ma fortune et mon avenir perdus, mon père repoussant avec indignation le seul moyen de salut qui me serait offert, et ne retenant plus peut-être que par un reste de pitié sa malédiction prête à me frapper... Ma mère bientôt instruite, et Mariette qui aujourd'hui même va tout apprendre; Mariette qui, en me retirant sa tendresse, avait pu du moins me conserver son estime... Ah! c'en est trop à la fois, et je sens que ma tête ébranlée, affaiblie, ne saurait résister à de si terribles coups; qu'enfin abandonné de tous, il ne me reste plus qu'à prendre conseil de mon désespoir!... (Dans la plus grande exaltation.) Mon père! vous m'avez dit de vous attendre ici; vous ne m'y trouverez plus!... (s'élançant au fond du théâtre, puis s'arrêtant tout à coup.) Et Mariette! Je mourrais donc sans la revoir... au moins une dernière fois... Mariette! Mariette!...

5.

SCÈNE V.

MARIETTE, CHARLES.

MARIETTE, sortant de la chambre voisine.

Me voici...

CHARLES.

Vous, Mariette?... Je puis à peine en croire mes yeux...
Quoi! vous étiez là?

MARIETTE.

Oui, dans cette chambre, d'où j'ai tout entendu.

CHARLES.

Eh bien, suis-je assez malheureux?...

MARIETTE.

Il est vrai; mais si j'ai bien compris vos dernières paroles...

CHARLES.

Ah! je vous en conjure, Mariette, ne me les reprochez pas,
car à peine m'étaient-elles échappées, que votre nom se re-
trouvait sur mes lèvres, et que mon cœur les désavouait.

MARIETTE.

Mais déjà vous aviez prononcé le nom de votre mère, et
je venais, me mettant un instant à sa place, vous rappeler,
Charles, au sentiment de votre dignité d'homme et de chré-
tien!... Avez-vous donc oublié les principes d'honneur et de
vertu dans lesquels elle a élevé notre enfance; et si vous avez
fait des fautes, ne devez-vous pas vivre pour les réparer?...

CHARLES.

Mariette! êtes-vous une femme ou un ange envoyé du ciel
pour me relever et me soutenir dans cette cruelle épreuve?
Quels doux et amers souvenirs vous venez de réveiller en
moi!... Temps heureux où nous étions unis d'une affection si
tendre, où j'avais pu rêver près de vous un bonheur pur et
vrai, que depuis j'ai follement sacrifié et perdu à jamais.
Ah! quoi qu'il arrive désormais, ce sera toujours là ma peine la

plus cruelle, ma plus grande expiation... Croyez-le, Mariette,
s'il m'eût été permis d'aspirer encore à votre main, je n'eusse
vu qu'un bienfait de la Providence dans le malheur même
qui m'a frappé.

MARIETTE.

Charles, que dites-vous ? lorsque aujourd'hui même vous
deviez au pied des autels...

CHARLES.

Oui, car l'honneur m'y engageait. Mais du moment où vous
m'étiez apparue, Mariette, une révélation s'était faite à mon
esprit. J'avais compris tout à coup la différence qu'il y a entre
un mariage selon le cœur et un mariage suivant ce qu'on
appelle les convenances. Avec vous je retrouvais vivantes les
impressions de mes jeunes années, qui, sans s'être effacées
entièrement, avaient pu s'altérer au contact d'un monde si
nouveau, de mœurs et d'habitudes si différentes. Et vous-
même, Mariette, je vous comparais à mademoiselle Desmares, et je me demandais de quel côté était le bonheur, ou
dans le calme d'une vie simple et des joies de la famille, ou
dans l'agitation des affaires, les entraînements du luxe, du
plaisir et des fêtes. Eh bien, entre ces deux existences si op-
posées, mon choix ne pouvait être douteux, et pourtant
j'allais comme entraîné par une sorte de fatalité, de vertige...

MARIETTE.

Dites plutôt, Charles, qu'avant de me·revoir vous m'aviez
tout à fait oubliée.

CHARLES.

Moi, Mariette, vous avoir oubliée !

MARIETTE.

Vous en étiez venu, dans vos lettres, à ne plus même pro-
noncer mon nom.

CHARLES.

Il est vrai ; mais seulement, vous avez pu le remarquer,
depuis que j'ai dû parler de mon mariage avec mademoiselle

Desmares. Plus que jamais, au contraire, votre nom revenait à ma pensée, mais je le repoussais comme un remords ; et, bien loin de l'écrire, ma main se fût plutôt desséchée... Était-ce là, je vous le demande, une preuve d'indifférence ? Ah! ce nom trop cher, en vain j'aurais voulu l'oublier : je le retrouvais partout, la nuit comme le jour, dans mes insomnies comme dans mes rêves ! M'en croirez-vous, Mariette, ou bien redoutant mon amour, voudriez-vous pouvoir le nier ? Ah! s'il n'était pas désormais sans espoir, je vous conjurerais de laisser au temps le soin de vous en convaincre.

MARIETTE.

Charles, serait-il donc vrai ?... Voici votre père.

SCÈNE VI.

MICHAUD, CHARLES, MARIETTE.

MICHAUD.

Eh bien, j'ai vu l'agent de change, et je reviens, je l'avoue, un peu plus calme et plus rassuré. Chemin faisant, j'avais déjà résolu, dans le cas où décidément nous n'aurions pas d'autre voie de salut, à passer sous les fourches de ton monsieur Montrichard ; et comme justement il se trouvait là, nous sommes convenus qu'il se rendrait lui-même près de nous ; il avait, d'ailleurs, à te parler, m'a-t-il dit, au sujet de vos affaires de banque... Eh! oui, j'ai compris qu'il n'était pas de sacrifices devant lesquels je dûsse reculer, dès qu'il s'agissait de ton honneur et de celui de ta famille.

CHARLES.

Pour moi, mon père, confus de tant de bonté et de dévouement, j'espère vous prouver par ma conduite à venir que j'en étais digne encore.

MICHAUD.

Mais voyons ; une fois tiré de cette position et sauvé, quels sont tes projets ? Que prétends-tu faire ?

CHARLES.

Je ne suis pas, mon père, sans y avoir déjà réfléchi ; et je vous dirai que ma résolution est prise, ou plutôt que mon sort est entre vos mains.

MICHAUD.

Comment ! que veux-tu dire ?

CHARLES.

Que, mes affaires réglées, si vous voulez me remmener avec vous...

MICHAUD, à demi-voix.

Qu'entends-je ?... (Sourire de satisfaction de Mariette.)

CHARLES.

Me laisser reprendre à vos côtés et sous vos ordres, comme le premier de vos ouvriers, ces modestes mais si utiles travaux qui avaient charmé mon enfance, vous ne pourriez me donner une plus grande satisfaction.

MICHAUD, vivement ému.

Charles, mon ami, je conçois et ne puis qu'approuver, tu le penses, ce premier mouvement ; mais garde-toi cependant d'y céder trop tôt ; prends garde de te préparer des regrets ; je veux encore te laisser à de nouvelles réflexions.

CHARLES.

Non, mon père, ne voyez point dans cette résolution une pensée de découragement, suite d'amères déceptions. Est-ce que d'ailleurs en revenant à votre profession, je penserais déchoir ? Ah ! quand je vous compare à tant de gens de finance que j'ai pu voir et observer de près, vivant dans le cercle d'intérêts si étroits, de sensations si égoïstes et de si vains plaisirs, combien votre sort me paraît plus heureux, votre carrière plus belle et mieux remplie ! Non, mon père, en y revenant moi-même, ce n'est point, je vous le jure, un châtiment, une réparation que je m'impose ; c'est une grâce que je vous demande !...

MICHAUD.

C'en est assez ! A ces bonnes paroles et à de tels sentiments je reconnais mon sang, mon fils chéri. (Lui tendant la main.) Oui, mon ami, nous retournerons ensemble et nous ne nous quitterons plus... Et ta bonne mère... pour elle, quelle surprise et quelle joie ! Pense donc quels jours heureux nous allons passer ensemble à faire de la bonne agriculture... Ah ! tu trouveras bien du changement ; tu verras mes travaux, mes irrigations, mon drainage, mes récoltes doublées, triplées... des prodiges ! tu verras... Mais ne nous oublions pas à causer ; songeons à régler nos affaires, à quitter Paris au plus tôt et surtout avec honneur... M. Montrichard ne doit pas, je pense, tarder à venir.

CHARLES, s'asseyant près d'une table dans le fond de la scène à droite et parcourant un agenda.

Voyons ; je vais, en attendant, prendre note de mes paiements à faire dans la journée.

MARIETTE, près de M. Michaud, sur le devant de la scène à gauche.

Avez-vous demandé, mon oncle, chez l'agent de change, si mes rentes étaient achetées ?

MICHAUD.

Pas encore ; l'ordre avait été donné trop tard pour la bourse d'hier.

MARIETTE.

Ah ! tant mieux.

MICHAUD.

Et pourquoi ?

MARIETTE.

Mais au lieu de recourir à ce Monsieur pour un emprunt si coûteux, pourquoi, mon oncle, ne pas disposer de cet argent ?

MICHAUD.

Bien, mon enfant, je reconnais là ton cœur bon et généreux ; seulement je vois à cela une petite difficulté ; c'est

que tu as un tuteur qui connaît la loi et son devoir, et qu'une
fille mineure ne peut payer que les dettes de son mari, et
encore... avec l'autorisation de son tuteur.

MARIETTE.

Ah ! c'est différent ; je ne connaissais pas la loi.

UN DOMESTIQUE.

Monsieur Montrichard.

SCÈNE VII.

LES PRÉCÉDENTS, MONTRICHARD.

MONTRICHARD, saluant.

Messieurs, Mademoiselle... (A part.) La jeune cousine sans
doute ?... mais elle n'est point mal.

CHARLES.

Pardon, Monsieur, de la peine que vous avez prise de venir
vous-même.

MONTRICHARD.

Mais j'avais précisément à vous voir de la part de Desmares,
au sujet du règlement de vos affaires qui, vous le savez, sont
aussi un peu les miennes.

CHARLES.

Il est vrai.

MONTRICHARD.

Vous comprenez, mon cher ; il est naturel que, vous sépa-
rant, vous arrêtiez au plus tôt votre situation.

CHARLES.

Monsieur, je l'entends bien ainsi.

MONTRICHARD.

Séparation vraiment regrettable, fâcheuse... pour vous surtout, mon ami, je le comprends : perdre à la fois, d'un coup
de bourse, sa fortune et un brillant parti, c'est au moins trop
de moitié, car vous n'avez pas même donné raison au pro-
verbe que vous savez : *Malheureux au jeu...*

CHARLES.

Monsieur!

MICHAUD.

Voyons; il me semble qu'il faudrait, sans préambule, en venir au fait. Vous connaissez, Monsieur, la position dans laquelle se trouve aujourd'hui mon fils; or, pourriez-vous faire l'avance, pour un temps d'ailleurs très-court, des fonds nécessaires pour remplir ses engagements?

MONTRICHARD.

Mais pourquoi pas?... Tenez, on dit la fortune aveugle et cruelle, et sans doute elle a fort maltraité ce pauvre Charles, mais voyez : il est rare cependant qu'elle abandonne tout à fait ceux qu'elle a trahis, car enfin, en me favorisant, au contraire, elle m'a mis en position de vous venir en aide.

MARIETTE, à part.

Quelle impertinence!

CHARLES.

Grâce, Monsieur, je vous prie, de rapprochements trop ingénieux.

MONTRICHARD.

Oh! oh! est-ce que je vous aurais blessé?

MICHAUD, à part.

Ah! quelle contrainte!... Si je ne me retenais... (Haut.) Allons, pas de discours inutiles, et tâchons d'en finir au plus vite.

MONTRICHARD.

Soit. Vous n'ignorez pas, Messieurs, que l'argent est en ce moment fort rare, et, qu'en reports surtout, il se paie sur la place à des taux, j'en conviens moi-même, vraiment éxcessifs. (A part.) Je les tiens.

MARIETTE, à part.

Oh! je souffre!

CHARLES.

Si cependant, Monsieur, vos conditions n'étaient pas acceptables....

MARIETTE, se plaçant entre eux deux.

Un mot, je vous prie, Messieurs. Vous m'avez dit, mon oncle, qu'une fille mineure ne pouvait payer que les dettes de son mari. Eh bien! (Donnant la main à Charles.) je paie les dettes de votre fils.

CHARLES.

Mariette!...

MARIETTE, souriant.

Sauf, bien entendu, l'autorisation de mon tuteur.

MICHAUD.

Mon enfant! Viens que je t'embrasse! (Mariette et Charles s'étant approchés de lui, il les serre tous deux dans ses bras.)

MONTRICHARD, à part.

Tudieu! la jeune villageoise! D'honneur, je ne pensais pas avoir si bien deviné! (Haut.) Mais je n'étais pas venu, il me semble, pour assister ici à une petite scène de famille... J'ai bien l'honneur de vous saluer.

MICHAUD, le reconduisant de quelques pas.

Salut, monsieur Montrichard. (Revenant sur le devant de la scène.) Ah! bonne Mariette! Charles, c'est un ange que ta femme!

SCÈNE VIII.

LES PRÉCÉDENTS, MOUTONNET.

MOUTONNET, accourant une lettre à la main.

Monsieur! monsieur!

MICHAUD.

Eh bien! qu'y a-t-il? une lettre!

MOUTONNET.

Et une énorme encore, avec un grand cachet rouge, qui vient d'être apportée à l'instant par un beau facteur à cheval.

CHARLES, riant.

Ah! une Ordonnance.

MOUTONNET.

Par exemple, faut encore venir à Paris pour voir des facteurs sur ce pied-là.

MICHAUD, prenant la lettre et lisant l'enveloppe.

Ministère de l'agriculture... Est-ce que j'aurais obtenu un prix?

MOUTONNET.

Oh! c'est ça, bien sûr. Et rien pour toi, pauvre Moutonnet!...

MICHAUD.

Mais attends donc; voici une autre lettre sous la même enveloppe : *Monsieur, monsieur Moutonnet.*

MOUTONNET.

Vraiment?

MICHAUD.

Tiens ; lis plutôt.

MOUTONNET.

Monsieur, monsieur Moutonnet... La première fois de ma vie qu'on m'appelle Monsieur... Et un ministre!...

MICHAUD, lisant sa lettre.

« Monsieur, j'ai l'honneur de vous informer que le grand
« jury du concours agricole universel vous a accordé une
« prime de mille francs pour vos deux bœufs franc-com-
« tois. »

CHARLES.

Ah! mon père! Voilà qui est beau et glorieux pour vous!

MARIETTE.

Et aussi pour Richebourg. Quelle joie dans tout le village!

MICHAUD.

Et toi, Moutonnet? Tu n'as pas encore décacheté ta lettre?

MOUTONNET, la retournant dans ses mains tremblantes,

Ah! Monsieur, je n'en puis plus ; j'étouffe, je n'ose pas...

MICHAUD.

Eh bien! donne. (Lisant.) « Monsieur, j'ai l'honneur de vous
« informer que le grand jury du concours agricole universel
« vous a accordé une prime de cinq cents francs pour vos
« deux moutons mérinos. »

MOUTONNET, tremblant d'émotion.

Bien vrai? C'est écrit?...

CHARLES.

Eh bien! ne vas-tu pas te trouver mal?

MOUTONNET.

Mon Dieu! Soutenez-moi, monsieur Charles!

MICHAUD.

Maintenant allons recevoir nos prix et partons. A Richebourg!

MOUTONNET, se relevant tout à coup.

A Richebourg! — (La toile tombe.)

FIN.

PARIS. — IMPRIMERIE DE J. CLAYE, RUE SAINT-BENOIT, 7.

PARIS. — IMPRIMERIE DE J. CLAYE
RUE SAINT-BENOIT